新时代新理念职业教育教材·高速铁路系列
行业紧缺人才、关键岗位从业人员培训教材
高速铁路客运服务专业系列教材

高速铁路运输市场营销

兰云飞 ◎ 主编

北京交通大学出版社

·北京·

内 容 简 介

本书以高速铁路各工作岗位所需的市场营销知识为主线，系统地介绍了高速铁路运输市场营销的相关理论与实践知识。本书共分为 9 个项目，分别为高速铁路运输市场营销概述、高速铁路运输市场分析、高速铁路运输市场调查与预测、高速铁路运输市场细分及目标市场选择、高速铁路运输产品策略、高速铁路运输产品价格结构与定价策略、高速铁路运输产品分销渠道策略、高速铁路运输市场促销策略、高速铁路运输市场营销管理。本书体系完整、案例丰富、精练实用。

本书适合作为应用型本科院校、高职高专院校、中等职业技术学校高速铁路类专业的教材，也可作为铁路职工培训教材。

图书在版编目（CIP）数据

高速铁路运输市场营销 / 兰云飞主编. —北京：北京交通大学出版社，2023.5
ISBN 978-7-5121-4969-4

Ⅰ. ① 高… Ⅱ. ① 兰… Ⅲ. ① 高速铁路–铁路运输–市场营销 Ⅳ. ① F530.6

中国国家版本馆 CIP 数据核字（2023）第 099674 号

高速铁路运输市场营销
GAOSU TIELU YUNSHU SHICHANG YINGXIAO

策划编辑：刘 辉　　责任编辑：刘 蕊	
出版发行：北京交通大学出版社　　　　电话：010-51686414　　http://www.bjtup.com.cn	
地　　址：北京市海淀区高粱桥斜街 44 号　　邮编：100044	
印 刷 者：北京时代华都印刷有限公司	
经　　销：全国新华书店	
开　　本：185 mm×260 mm　　印张：11.75　　字数：293 千字	
版 印 次：2023 年 5 月第 1 版　　2023 年 5 月第 1 次印刷	
印　　数：1～2 000 册　　定价：42.00 元	

本书如有质量问题，请向北京交通大学出版社质监组反映。对您的意见和批评，我们表示欢迎和感谢。
投诉电话：010-51686043，51686008；传真：010-62225406；E-mail：press@bjtu.edu.cn。

前言

本书以高速铁路各工作岗位所需的市场营销知识为主线，系统地介绍了高速铁路运输市场营销的相关理论与实践知识。本书共分为 9 个项目，分别为高速铁路运输市场营销概述、高速铁路运输市场分析、高速铁路运输市场调查与预测、高速铁路运输市场细分及目标市场选择、高速铁路运输产品策略、高速铁路运输产品价格结构与定价策略、高速铁路运输产品分销渠道策略、高速铁路运输市场促销策略、高速铁路运输市场营销管理。本书体系完整、案例丰富、精练实用。

本书由兰云飞担任主编。

由于编者水平有限，书中难免有不妥之处，恳请广大读者批评指正。

编　者

2023 年 2 月

目录

项目 1

高速铁路运输市场营销概述

🚩 **思政目标**

● 通过了解高速铁路运输市场营销基础知识，牢记"人民铁路为人民"的初心和使命。

引导案例

售票车开进高校，学生乘专列回家！

2022年年底广西多所高校开启寒假放假模式。南宁、桂林等地区火车站客流增加，为做好学生离校返乡运输工作，中国铁路南宁局集团有限公司制定营销方案，及时调整运力，开行学生专列，将流动售票车开进高校，助力学子顺利返乡。

学生专列发车

2022年12月14日，来自广西师范大学、桂林电子科技大学、桂林学院等高校的1000多名学生在桂林站乘坐D8493次动车组列车返回家乡。这是2022年12月以来，南宁局集团公司开行的首趟学生专列。放假大学生准备登乘学生专列如图1-1所示。

为更好地掌握学生旅客客流情况、精准优化列车开行方案，桂林站组织工作人员提前对广西师范大学、桂林医学院、桂林理工大学等10余所高校开展学生返乡意向调查，建立站校联动机制和学生专属服务微信群，及时发布学生专列车次信息和购票温馨提示。

流动售票车开进校园

为提升学子返乡出行体验，南宁站将流动售票车（图1-2）开进地方高校，为学生集中办理学生优惠购票资质核验，解答学生出行等相关问题。同时，南宁站组织工作人员制作学生优惠购票资质核验视频、图文解读等资料，让返乡学生进一步熟悉资质核验流程，方便学生快速办理学生优惠购票资质核验。

图1-1　放假大学生准备登乘学生专列

图1-2　流动售票车

加开列车满足学生客流需求

对崇左市的高校学子而言，今年寒假返乡多了一种选择——南凭高铁南崇段正式通车，学生乘坐动车返乡更方便快捷。

南宁车务段根据客流数据变化及走访高校了解到，扶绥、崇左两地各大高校自12月中旬起陆续放假，预计学生客流超7万人。南宁局集团公司积极协调运力，在南崇区段加开并重联4对客车，这也是南凭高铁南崇段开通以来首次加开列车。

做好学生旅客服务工作

针对疫情防控政策变化，南宁局集团公司持续做好站车防疫工作，保障假期返乡的学生旅客旅途健康。

列车工作人员加强对列车卫生间、盥洗池、走道、扶手等重点部位的防疫消毒工作。

柳州车务段加密对管内车站候车室、厕所、进站口、售票厅等人员密集场所的消毒频次，定时对自动售（取）票机、实名制闸机、检票闸机触摸屏等旅客使用频率高的设备进行擦拭消毒，为旅客营造健康安全的出行环境。

南宁东站在进站口、检票口、楼梯口等重点部位安排专员引导学生旅客有序排队进站，并根据客流情况增开进站闸机和安检通道，增设学生专用售票窗口。同时，他们安排志愿者在售票厅引导学生进行优惠资质绑定和核验，加快学生票核验、售取票办理速度。放假大学生有序检票乘车如图 1-3 所示。

图 1-3　放假大学生有序检票乘车

任务 1.1　什么是市场

工作任务

了解市场的概念。

任务解析

从狭义与广义两个方面来了解市场的概念。

市场的构成要素、市场的类型。

1.1.1 市场的概念

市场的概念古已有之，其最初是古人对在固定时间和地点进行交易的场所的称呼。市场最基本的含义是商品交易的场所、商品交换的区域，如我们所熟悉的集市、菜市场、小商品市场、国内市场、国外市场等。

1. 狭义的市场

狭义的市场是买卖双方进行商品交换的场所。无论地方大小、交易范围如何，只要是人们进行商品买卖的地方都可称为市场。现代的农贸集市、百货商场、综合商厦、专业商店、网络电商及各种交易场所等，都属于狭义的市场。

2. 广义的市场

广义的市场是指各种商品交易关系与行为的总和，主要包括买方和卖方之间的关系，同时也包括由买卖关系引发的卖方与卖方之间的关系及买方与买方之间的关系，即市场一词不仅指交易场所，还包括了所有的交易关系与交易行为。随着商品经济的不断发展，可供交易商品的数量、品种日益增多，商品交换的范围和规模日益扩大，商品交换的形式日益多样，商品交换的过程日益复杂，特别是交换的主体——生产者、经营者和消费者之间的关系日益复杂，使市场逐渐成为所有交易关系与交易行为的代名词。

1.1.2 市场的构成要素

1. 基本构成要素

宏观的市场，通常具备以下基本构成要素：首先要有市场的主体，即卖方和买方，例如各类企业、个人、政府或其他实体；其次要有可供交换的商品，包括有形物质产品和无形产品（服务）；最后要有促成买卖双方实现交易的条件与环境，比如买卖双方都能接受的交易价格及其他条件，如交易场所、买卖信息、商品保管和储运条件等。

1）提供商品的卖方

商品无法自行到市场中去与其他商品交换，而必须由它的所有者——出卖商品的当事人，即卖方带到市场上去进行交换。在市场中，商品所有者把他们的意志——自身的经济利益和经济需要，通过具体的商品交换反映出来。卖方成为向市场提供一定量商品的代表，并作为市场供求中的供应方而成为市场的基本构成要素之一。

2）接受商品的买方

卖方向市场提供一定量的商品后，还需要找到既具备购买需求又具备支付能力的购买者，否则，商品交换行为仍无法完成，市场也就不复存在。以买方为代表的市场需求是决定商品交换能否实现的基本构成要素之一。

3）可供交换的商品

可供交换的商品既包括有形的物质产品，也包括无形的服务，以及各种商品化了的资源要素，如资金、技术、信息、土地、劳动力等。市场的基本活动是商品交换，所发生的经济联系也是与商品的购买或售卖相关的。具备一定量的可供交换的商品，是市场存在的物质基础，商品也是市场的基本构成要素之一。倘若没有可供交换的商品，市场也就不复存在了。

供给、需求、商品作为市场构成的基本要素，通过买方和卖方的相互联系，在现实中推动着市场的总体运行与发展。

2. 微观构成要素

从微观即企业的角度来说，企业作为某种或某类商品的生产者或经营者，总是具体地面对有购买需求的买方市场。深入了解企业所面临的现实的市场状况，从中选择目标市场并确定进入目标市场的市场营销策略，以及进一步寻求潜在市场，是企业开展市场营销活动的前提。就企业而言，更具有直接意义的是微观市场的研究。宏观市场只是企业组织市场营销活动的市场环境。微观市场包括人口（购买主体）、购买力、购买欲望三大要素。

1）人口（购买主体）

需求是人的本能，对物质生活资料及精神产品的需求是人类维持生命的基本条件，因此，哪里有人，哪里就有需求，就会形成市场。人口的构成及其变化则影响着市场需求的构成和变化。人口（购买主体）的多少决定着市场容量的大小；人口的状况，影响着市场需求的内容和结构。构成市场的人口因素包括总人口、性别和年龄结构、家庭户数和家庭人口数、民族与宗教信仰、职业和文化程度、地理分布等。

2）购买力

购买力是指消费者支付货币以购买商品或服务的能力，其是构成现实市场的物质基础，消费者的可支配收入水平决定了购买力水平的高低。人们的消费需求是通过利用手中的货币购买商品实现的。在人口状况既定的条件下，购买力就成为决定市场容量的重要因素之一。市场的大小，直接决定了购买力的高低。一般情况下，购买力受到人均国民收入、个人收入、社会集团购买力、平均消费水平、消费结构等因素的影响。

3）购买欲望

购买欲望指消费者购买商品的愿望、动机、要求。它是把消费者的潜在购买力变为现实购买力的重要条件。倘若仅具备一定的人口和购买力，而消费者缺乏购买欲望，商品买卖仍然不能发生，因此，购买欲望也是市场不可缺少的构成要素之一。

市场的这三个微观要素是相互制约、缺一不可的，它们共同构成了微观层面的市场。

1.1.3　市场的类型

1.1.3.1　按市场的主体不同分类

1. 消费者市场

消费者市场是指生产经营者从事消费品经营，满足人们生活消费需要的经济活动的总和，或指消费者为满足生活消费需要而购买商品的场所。通常来说，个体消费者的购买是最终消费者的购买，这意味着商品价值和使用价值的最终实现。消费者市场也是所有社会生产活动的最终目标所在。

消费者市场具有以下特性。

1）广泛性

在消费者市场上，购买者人数众多，因为每个人为了生存都不可避免地发生消费行为或购买行为，都要参与到消费市场活动之中，从而成为消费者市场的一员；购买者地域分布广，从城市到乡村，从国内到国外，消费者市场无处不在。

2）伸缩性

生活中，人们的消费需求受收入水平和商品价格变化的影响，具有很大的变动空间。当收入水平降低或产品价格降低后，人们就会减少或增加对某些产品的消费。也就是说，随着一些客观条件的改变，消费者的消费水平是会产生相应变化的，这就是消费者市场的伸缩性。消费者市场的伸缩性对不同产品的表现是不同的。一般来说，生活必需品（即所谓刚性需求产品）的伸缩性小一些，而一些非生活必需品，尤其是高档消费品的伸缩性会大一些。例如，春运或者暑运期间，旅客出于返乡、探亲、暑假返家、暑假旅游、开学返校、新生入学等需要，对于铁路运输产品的需求就属于刚性需求，因而该市场的伸缩性就相应小一些。消费者市场的这一特性要求企业要注意研究引起需求变化的条件并时刻进行关注，根据这些条件的变化对自己产品的种类和数量进行相应的调整。

3）可诱导性

消费者在决定采取购买行为时，不像生产者市场的购买决策那样，常常受到生产特征的限制及国家政策和计划的影响，而是具有自发性、感情冲动性；另外，消费品市场的购买者大部分缺乏相应的商品知识和市场知识，其购买行为大多属于非专业性购买，他们对商品的选择受广告、宣传的影响较大，这就说明消费者市场存在可诱导性。对于这种情况，企业应注意做好商品的广告、宣传工作，做到不虚假宣传，引导消费者进行理性消费。

4）层次性

消费者的需求是按照一定的层次递增的。美国心理学家马斯洛对人们的需求进行了分析和归纳，他把人们的需求划分成五个层次，其中生理需求、安全需求是低层次的物质方面的需求；社交需求、尊重需求和自我实现需求是高层次的精神方面的需求。马斯洛认为，人们行为的推动力是没有得到满足的需求，当低层次的需求满足后，人们开始追求更高层次的需求。该理论同样适用于消费者市场。由于消费者的收入水平不同，所处社会阶层不同，消费者的需求会表现出一定的层次性。一般来说，消费者总是先满足最基本的生存需求和安全需求，购买衣、食、住、行等生活必需品，然后才能视情况逐步满足较高层次的需求，购买享受型和精神层次的商品。

5）周期性

由于生理、习惯、政策、季节、环境等因素的影响，消费者对某些商品的需求会有周期性出现的特点。每间隔一个特定的时间段，消费者对某些消费品会出现相同或相近的需求，这种情况可能呈现出时间上的规律性，这就是周期性。例如，铁路旅客运输市场就存在明显的周期性，每年春节、五一小长假、十一长假等特定的时间段，各个路线、各个区域的旅客流动就呈现一定的规律。铁路运输企业应该对这种周期性需求的规律加以研究，提前计划并安排、调配好运输产品的供应，以满足消费者的相应需求。

6）可替代性

目前来看，消费品中的大多数，都可找到替代品或可以互换使用的商品，因此，消费者市场中的商品有较强的可替代性。

7）非营利性

通常，消费者购买商品是为了获得某种使用价值，满足自身生活消费的需要，而不是为了利润去进行转手销售，因此消费者市场具有非营利性。

2. 生产者市场

生产者市场是由那些购买货物和服务，并用来生产其他货物和服务，以出售、出租给其他人的个人或组织构成。

生产者市场具有以下特性。

1）购买者数量较少，购买规模较大

生产者市场上的购买者绝大多数是企业单位，所以其参与主体的数量比消费者市场少得多，但由于生产集中和规模经济的要求，要达到一定的生产批量，每次的购买量通常较大，购买的规模主要取决于企业的生产能力。

2）需求波动性较大

生产者市场比消费者市场的需求波动性更大，这是因为，生产者市场内部的各种需求之间具有很强的连带性和相关性，而且消费品市场需求的结构性变化会引起生产者市场需求的一系列连锁反应；受经济规律的影响，消费品市场需求的少量增加与减少，会导致生产者市场需求较大幅度的增加和减少；生产者市场的需求更容易受各种环境因素（尤其是宏观环境因素）的影响，从而产生较大的波动。

3）需求缺乏弹性

在生产者市场上，生产资料购买者对价格不敏感，一般不受市场价格波动的影响。生产者市场的需求在短期内尤其缺乏弹性。第一，生产者不能在短期内明显改变其生产工艺，例如，建筑业不能因水泥涨价而减少用量，也不能因钢材涨价而用塑料代替钢材。第二，生产者市场需求具有派生性，只要最终消费品的需求量不变（或基本不变），生产资料价格变动不会对其销量产生大的影响。第三，一种产品通常是由若干零件组成的，如果某种零件用量不多，这种零件的成本在整个产品的成本构成中所占比重很小，即使其价格变动，对产品的价格也不会有太大影响，因此对这些零件的需求也缺乏弹性。

3. 中间商市场

中间商市场也称转卖者市场或再售者市场，其是由所有以营利为目的从事转卖或出租业务的个人和组织所组成的市场。中间商不提供形式效用，只提供时间效用、地点效用和占有效用。

中间商市场具有以下特性。

（1）购买者数量较多，供应范围广，网点较多。

（2）属于引发性需求，需要研究消费者动态。

（3）要求商品多样化，花色品种丰富。

（4）购买量大，需求缺乏弹性，须注重市场销售。

1.1.3.2　按消费客体的性质不同分类

1. 有形产品市场

有形产品市场为消费者或组织提供有形物质产品。按照商品的经济用途，有形产品市场还可以进一步分为生产资料市场和生活资料市场。

2. 无形产品市场

无形产品市场也称服务市场，它通过提供具有方便性、知识性、娱乐性、保健性和辅助

性等服务活动和服务过程满足消费者或组织的某种需求。服务市场中的消费客体以无形产品为主，有时也包括部分实物商品和变通形态的商品（如车船票、演出票等）。

1.1.3.3　按商品在市场上的供求状态分类

1. 买方市场

买方市场是指交易由买方左右的市场，即市场是在具有压倒性势力的买方力量的控制下运行的。买方市场在发达的市场经济国家较普遍。近年来，在我国，大量商品已进入不同程度的买方市场态势。买方市场的基本表现形式是：市场上商品丰富，供应量超过了需求量，买方对商品有着更大的挑选余地和更多的购买商品的主动权，卖方则处于被动地位并要为促销商品而彼此展开竞争。在买方市场上，买者被称为"上帝"。

2. 卖方市场

卖方市场是指交易由卖方左右的市场，即市场是在具有压倒性势力的卖方力量的控制下运行的。卖方市场的基本表现形式是：市场上商品短缺，供不应求，商品价格有上升的趋势，商品交易条件有利于卖方而不利于买方。在卖方市场上卖方总是优势明显，所售商品是"皇帝女儿不愁嫁"，而买方则处于被动的地位，甚至要为买到商品而展开竞争。

任务小结

随着我国改革开放的不断深入，企业逐渐成为市场经济的主体。面对市场，运输企业要想抓住机遇，迎接挑战，就必须深入了解市场、认真研究市场。

要想了解市场、研究市场，就必须先把市场的概念、市场的构成要素、市场的类型等问题弄清楚。

思考与练习

1. 如何理解市场的概念？
2. 市场的构成要素主要有哪些？
3. 消费者市场具有怎样的特性？
4. 按照主体的不同来考虑，市场可以分为哪几种？

任务 1.2　认识市场营销

工作任务

了解市场营销的概念和市场营销观念。

任务解析

结合市场营销观念的发展过程来理解市场营销观念。

相关知识

市场营销的原则、市场营销的具体方法、学习市场营销的意义。

任务实施

1.2.1　市场营销的概念

"市场营销"由英文 marketing 一词翻译而来。marketing 通常包含了两层含义：一个是动词性的，指企业的具体活动或行为，即市场营销；另一个是名词性的，指研究企业的市场营销活动或行为的学科，即市场营销学。

国内外对市场营销的定义有很多种。

美国市场营销协会为市场营销下的定义是：市场营销是在创造、沟通、传播和交换产品中，为顾客、客户、合作伙伴及整个社会带来价值的一系列活动、过程和体系。

"现代营销学之父"——菲利普·科特勒为市场营销下的定义强调了营销的价值导向：市场营销是个人和集体通过创造产品和价值，并同别人自由交换产品和价值，来获得其所欲之物的一种管理过程。

"服务营销理论之父"——格隆罗斯对市场营销下的定义则强调了营销的目的：所谓市场营销，就是在变化的市场环境中，旨在满足消费者需要、实现企业目标的商务活动过程，包括市场调研、选择目标市场、产品开发、产品促销等一系列与市场有关的企业业务经营活动。

美国学者基恩·凯洛斯将市场营销定义分为三类。

（1）将市场营销看作一种为消费者服务的理论。

（2）强调市场营销是对社会现象的一种认识。

（3）认为市场营销是通过销售渠道把生产企业同市场联系起来的过程。

市场营销定义的多样性从一个侧面反映了市场营销的复杂性。

现代市场营销学，是一门在经济学、行为学和现代管理学基础之上发展起来的多学科交叉、融合的新兴学科，是一门实用性很强的综合性应用学科。通常来说，市场营销是指：在特定的市场环境中，企业为满足消费者现实和潜在的需求，所实施的以产品、价格、渠道、促销等 4P 理论为主要研究内容的专门研究市场营销活动过程及其规律的一系列活动与过程。

1.2.2　市场营销观念

市场营销观念，主要可归纳为七种，即生产观念、产品观念、推销观念、营销观念、客户观念、社会市场营销观念和大营销观念。

1. 生产观念

生产观念是指导销售者行为的最古老的观念之一。生产观念指导下的企业经营不是从消费者需求出发，而是从企业生产出发。其主要表现是"我生产什么，就卖什么"。生产观念认为，消费者喜欢那些可以随处买得到而且价格低廉的产品，企业应致力于提高生产效率和分销效率，扩大生产，降低成本以扩展市场。显然，生产观念是一种重生产、轻市场营销的商业哲学。

生产观念是在卖方市场条件下产生的。在资本主义工业化初期及第二次世界大战末期等特定的时期内，由于物资短缺，市场产品供不应求，生产观念在企业经营管理中颇为流行。中国在计划经济体制下，由于市场产品短缺，企业不愁产品没有销路，工商企业在其经营管理中也奉行生产观念，具体表现为：工业企业集中力量发展生产，轻视市场营销，实行以产定销；商业企业集中力量抓货源，工业企业生产什么就采购什么，工业企业生产多少就采购多少，也不重视市场营销。

生产观念是一种"我们生产什么，消费者就消费什么"的观念，因此，除了物资短缺、产品供不应求的情况，有些企业在产品成本高的条件下，其市场营销管理也受产品观念支配。

生产观念的不足表现在以下方面。

（1）忽视产品的质量、品种与推销。

（2）不考虑消费者的需求。

（3）忽视产品包装和品牌。

以生产观念为导向的营销活动具有以下特点。

（1）供给小于需求，生产活动是企业经营活动的中心和基本出发点。

（2）降低成本、扩大产量是企业成功的关键。

（3）不重视产品、品种和市场需求。

（4）追求的目标是短期利益。

（5）坚持"我生产什么，商家就卖什么，消费者就买什么"的经营思想。

2. 产品观念

产品观念也是一种较早出现的企业经营观念。产品观念认为，消费者最喜欢高质量、多功能和具有某种特色的产品，企业应致力于生产高价值产品，并不断加以改进。产品观念产生于市场产品供不应求的"卖方市场"形势下。最容易滋生产品观念的场合，莫过于企业发明一项新产品，此时，企业最容易出现"市场营销近视"，即不恰当地把大部分注意力放在产品上，而不关注市场需求，在市场营销管理中缺乏远见，只看到自己的产品质量好、功能多，看不到市场需求在变化，致使企业经营陷入困境。

产品观念的不足表现在以下方面。

（1）过分重视产品本身而不重视市场需求的变化。

（2）忽视市场宣传。

3. 推销观念

随着科学技术的进步，生产力的提高，推销观念在卖方市场向买方市场转化期间产生。第一次世界大战结束后，随着科技的进步及大规模生产的推广，产品的数量与花色品种开始越来越多，使得市场出现供大于求的局面，竞争日益激烈。资本主义国家经济危机的爆发，更使得企业的产品大量积压，企业家们意识到不能只集中力量发展生产，要重视产品的推销。企业关心的是如何去扩大产品的销售而不是如何去扩大产品的生产，推销观念开始逐渐盛行。

推销观念强调产品推销的重要性，这种观念认为努力推销什么产品，顾客就会更多地购买什么产品。推销观念是以下判断作为前提的：消费者不会因为自身的需求与愿望来主动地购买商品，而必须在强烈的销售刺激引导下才会采取购买行为。在推销观念的指导下，企业的主要任务是扩大销售，通过各种推销手段促使消费者购买企业已经大量生产出来的产品而不是一开始就生产市场需要的商品。

推销观念只强调推销而不考虑满足顾客的个性化需求，因此，其仍属于以产定销的生产导向的营销观念，推销观念的核心仍然没有摆脱以企业为中心的框架，从而使企业的经营观念还是停留在旧观念的基础之上。

4. 营销观念

市场营销观念是以上述诸观念的挑战者的形象出现的一种新型的企业经营哲学。这种观念是以满足顾客需求为出发点的，即"顾客需要什么，就生产什么"。尽管这种思想由来已久，但其核心原则直到20世纪50年代中期才基本定型，当时社会生产力迅速发展，市场表现为供过于求的买方市场，同时广大居民个人收入迅速提高，有对产品进行选择的能力，企业为适应市场的竞争形势，开始认识到，必须转变经营观念，才能求得生存和发展。市场营销观念认为，实现企业各项目标的关键，在于正确确定目标市场的需要，并且比竞争者更有效地传送目标市场所期望的物品或服务，进而比竞争者更有效地满足目标市场的需要和欲望。

市场营销观念的出现，使企业经营观念发生了根本性变化，也使市场营销学发生了一次革命。

西奥多·莱维特曾对推销观念和市场营销观念进行过深刻的比较，他指出：推销观念注重卖方需要；市场营销观念则注重买方需要。推销观念以卖主需要为出发点，考虑如何把产品变成现金；而市场营销观念则通过重视与消费者有关的所有事物，来满足消费者的需要。可见，市场营销观念的4个支柱是：市场中心、顾客导向、协调的市场营销、利润。推销观念的4个支柱是：工厂、产品导向、推销、利润。从本质上说，市场营销观念是一种以消费者需要和欲望为导向的企业经营哲学。

5. 客户观念

随着现代营销战略由产品导向转变为客户导向，客户需求及其满意度逐渐成为营销战略成功的关键所在。各个行业都试图通过卓有成效的方式，及时准确地了解和满足客户需求，进而实现企业目标。实践证明，不同子市场的客户存在不同的需求，甚至同属于一个子市场的客户的个性需求也会经常变化。为了适应不断变化的市场需求，企业的营销战略必须及时进行调整。在这样的营销背景下，越来越多的企业开始由奉行市场营销观念转变为奉行客户观念或消费者观念。

所谓客户观念，是指企业注重收集每一位客户以往的交易信息、心理活动信息、媒体习惯信息及分销偏好信息等，根据由此确认的不同客户的偏好，分别为每一位客户提供各自不同的产品或服务，通过提高客户忠诚度，增加每一位客户的购买量，从而确保企业的利润增长。市场营销观念强调满足一个子市场的需求，而客户观念则强调满足每一位客户的特殊需求。

需要注意的是，客户观念并不适用于所有企业。一对一营销需要以工厂定制化、运营计算机化、沟通网络化等为前提条件，因此，贯彻客户观念要求企业在信息收集、数据库建设、计算机软件和硬件购置等方面进行大量投资，而这并不是每一个企业都能够做到的。有些企业即使舍得花钱，也难免会出现投资大于回报而带来的收益减少的局面。客户观念最适用于那些善于收集单个客户信息的企业，这些企业所营销的产品能够借助客户数据库的运用实现交叉销售，或产品需要周期性地重复购买，或产品价值很高。客户观念往往会给这类企业带来异乎寻常的效益。

6. 社会市场营销观念

社会市场营销观念是对市场营销观念的修改和补充。它产生于 20 世纪 70 年代西方资本主义国家出现能源短缺、通货膨胀、失业增加、环境污染严重、消费者保护运动盛行的形势下。传统市场营销观念回避了消费者需要、消费者利益和长期社会福利之间隐含着冲突的现实。社会市场营销观念认为，企业的任务是确定各个目标市场的需要、欲望和利益，并以保护或提高消费者社会福利的方式，比竞争者更有效、更有利地向目标市场提供能够满足其需要、欲望和利益的物品或服务。社会市场营销观念要求相关人员在制定市场营销政策时，统筹兼顾以下三个方面：企业利润、消费者需要的满足和社会利益。

7. 大营销观念

大营销观念出现于 20 世纪 80 年代中期。20 世纪 70 年代末，经济不景气和持续"滞涨"导致西方国家纷纷采取贸易保护主义措施。在贸易保护主义思潮日益增长的条件下，从事国际营销的企业为了成功进入特定市场从事经营活动，除运用好产品、定价、渠道、促销等传统的营销策略外，还必须依靠权力和公共关系来突破进入市场的障碍。大市场营销观念实际上是营销观念的升级与发展，其对从事国际营销的企业具有现实意义，重视和恰当地运用这一观念有益于企业突破贸易保护壁垒，占据国际市场。

上述几种企业营销观念，其产生和存在都有其历史背景和必然性，都是与一定的条件相联系、相适应的。当前，铁路运输企业正在从生产型向经营服务型转变，铁路运输企业为了求得生存和发展，必须树立具有现代意识的市场营销观念、社会市场营销观念乃至大营销观念。必须指出的是，由于诸多因素的制约，当今西方发达国家的一些企业也并不是都树立了现代市场营销观念，事实上，还有许多企业仍然以产品观念及推销观念为导向。

由于社会生产力发展程度及市场发展趋势、经济体制改革的状况及广大居民收入状况等因素的制约，中国企业经营观念仍处于多种观念并存的阶段。

1.2.3 市场营销的原则

1. 诚实守信原则

诚实守信是企业经营道德要求的最基础部分，它是企业经营的最重要的品德标准，是其他标准的基础。在我国传统经营实践中，它被奉为至上的律条。

2. 义利兼顾原则

义利兼顾是指企业获利的同时要考虑是否符合消费者的利益，是否符合社会整体和长远的利益。利是目标，义是要遵守达到这一目标的道德规则。二者应该受到同等重视，以达到兼顾的目标。义利兼顾是处理好利己和利他关系的基本原则。

3. 互惠互利原则

互惠互利是针对企业营销活动的性质，提出的企业经营中的基本信条。互惠互利原则要求在市场营销行为中，正确地分析、评价自身的利益，以及利益相关者的利益。对自己有利而对利益相关者不利的活动，由于不能得到对方的响应，而无法长久进行下去；对他人有利，对自己无利的活动，又使经济行为成为无源之水，无本之木。

4. 理性和谐原则

理性和谐是企业经营活动要达到的理想目标。

在市场营销活动中，理性就是运用知识手段，科学分析市场环境，准确预测未来市场发展变化状况，不好大喜功，不为单纯追求市场占有率而损失利润。企业不问自身的生产条件，只为扩大生产规模将会付出高昂的代价。

1.2.4　市场营销的具体方法

1. 整合营销传播

整合营销传播指一个企业将各种传播方式（包括一般的广告、与客户的直接沟通、促销、公关等）加以综合集成，对分散的传播信息进行无缝结合，从而使企业及其产品和服务的传播达到明确、连续、一致和提升的效果。

2. 数据库营销

数据库营销是指以特定的方式在网络上或是线下收集消费者的消费行为信息、厂商的销售信息，并将这些信息以固定格式累积在数据库当中，以此数据库进行统计分析和宣传推广的营销行为。

3. 网络营销

网络营销是企业整体营销战略的一个组成部分，是为实现企业总体经营目标所进行的、以互联网为基本手段的、营造网上经营环境的各种活动。网络营销的职能包括网站推广、网络品牌、信息发布、在线调研、顾客关系、顾客服务、销售渠道、销售促进八个方面。随着科学技术的发展和人们购物观念的转变，网络营销越来越受到企业的重视。

4. 直复营销

直复营销是在没有中间经销商的情况下，利用直接通路来传送商品和服务给客户。直复营销的最大特色为"直接与消费者沟通或不经过分销商而进行的销售活动"，其利用一种或多种媒体，在理论上可到达任何目标对象所在区域，是一种可以衡量交易结果的营销模式。

5. 关系营销

在很多情况下，企业无法寻求即时的交易，所以他们会与客户建立长期的良好关系，这种营销方式便是关系营销。当消费者关系管理方案被执行时，组织就必须同时注重顾客管理和产品管理。同时，企业必须明白，虽然关系营销很重要，但其并不是在任何情况下都有效的，因此，企业必须评估在哪一个部门向哪一类特定的顾客采用关系营销最有利。

6. 绿色营销

绿色营销是指企业为了迎合消费者绿色消费的消费习惯，将绿色环保主义作为企业生产产品的价值观导向，以绿色文化为其生产理念，力求满足消费者对绿色产品的需求所做的营销活动。

7. 社会营销

社会营销是基于人具有"经济人"和"社会人"的双重特性，运用营销手段达到社会公益的目的，或者运用社会公益价值观推广商品或服务。

与一般营销一样，社会营销的目的也是有意识地改变目标人群（消费者）的行为。与一般商业营销模式不同的是，社会营销中所追求的行为改变动力更多来自非商业领域。

8. 病毒营销

病毒营销是一种信息传递策略，通过公众将信息廉价复制，告诉给其他受众，从而迅速扩大自己的影响。和传统营销相比，病毒营销让受众自愿接受的特点使得营销成本更少，收益更加明显。

9. 危机营销

危机营销指企业在面对危机、灾难时采取的一系列营销措施，以期最大限度地减少危机给企业造成的不良影响。

企业管理者必须借助危机预警系统及时发现可能发生的危机，并迅速而准确地判断危机产生的原因及影响程度，这一点非常重要，它是保证有效应对危机的前提，也直接关系到危机营销的成败。

一旦危机发生，首要的任务是在查出危机的产生原因后，马上对危机进行控制，防止其进一步恶化，尽量减少企业的损失。危机有连锁效应，一种危机往往能引发另一种危机，在这一点上，许多企业都有过教训。

市场中隐藏着各种影响企业经营的危机事件，这些事件如果处理不当，将给企业带来很大的负面影响，甚至导致企业彻底失败。所谓危机营销，就是企业要把危机事件当作一个营销项目对待，用营销的思想、观念、方法与手段，力争将"危险"转化为"机会"，达到通过危机营销提升企业竞争力的目的。2003 年 4 月下旬，某计算机品牌的市场调查系统敏锐地觉察到：由于"非典"的影响，消费者的购买计划会受到常规店面销售方式的压抑。该计算机品牌迅速做出了决议：把过去的销售服务网络迅速转型，实施"渠道+电话+送货上门"的复合型营销模式，建立了新的销售系统，进行电子派单，开通免费订购热线，让代理商上门服务。通过以上危机营销行为，该计算机品牌的销量没有受到"非典"的影响，成功地化危机为商机。

1.2.5 学习市场营销的意义

市场营销的产生和发展是和生产力的发展、社会经济的发展紧紧地联系在一起的，在经济改革不断深化的今天，市场营销的作用显得更加重要。

1. 改变企业的经营观念，指导企业的经营活动

由于我国在很长一段时期实行的是高度集中的计划经济，因此，造成了企业不顾市场也不去考虑市场的弊端。相当一部分企业的经营观念还停留在生产观念或产品观念的阶段。再加上某些产品还存在时间性或地域性的短缺现象（如铁路运输产品），这就更加剧了这种陈旧观念对企业的影响与制约。企业往往以自我为中心，根本不去顾及消费者的需求，造成了产品质量差、服务质量差、适应市场变化能力差的现状。

市场营销以消费者为中心的核心思想将改变企业固有的经营观念，因为企业如果真正地以现代营销观念来指导一切经营活动，就会自觉地不断提高服务质量以满足消费者的需要。

营销观念要求企业在消费者的满意中获利，这是因为，即使企业通过虚假的手段把产品销售出去，如果消费者购买产品之后没有感到满意，对这个企业来说，就意味着失去了信誉，消费者将不会再相信其产品。

2. 促进经济成长

市场营销能促进经济总量增长，指导新产品开发工作，降低市场风险，促进新科技成果转化为生产力。

市场营销在扩大内需和进军国际市场，吸引外资，解决经济成长中的供求矛盾及资金、技术等方面问题的过程中，能起到积极作用。

市场营销为第三产业的发展开辟道路，对经济的可持续发展也能起到重要作用。

3. 促进企业成长

市场营销为企业成长提供了战略管理原则；为企业成长提供了一整套竞争策略；为企业成长提供了组织管理和市场营销计划执行的方法。

任务小结

铁路运输是一种环保型、综合利用能源型的交通运输方式，在人类社会面临能源紧缺、环境污染日益严重的形势下，我们在宣传铁路运输优越性时，应多强调其符合社会营销的一面，改变人们认为铁路运输业是"夕阳产业"的旧观念，树立铁路运输业，特别是高速铁路运输业是 21 世纪"朝阳产业"的新形象。

思考与练习

1. 怎样理解市场营销的概念？
2. 市场营销的观念主要有哪几种？
3. 列举几种常见的市场营销方法。
4. 简述市场营销的原则。

任务 1.3　走近高速铁路运输市场营销

工作任务

了解运输市场的概念、运输市场的特征。

任务解析

通过运输市场的特征来理解运输市场营销。

运输市场的构成、运输市场的类型、运输市场营销的特征、运输市场营销的效用。

1.3.1 运输市场的概念

1. 运输市场是运输产品交换的场所

运输市场是实现旅客或货物空间位移的场所，或是促使实现旅客或货物空间位移的场所，如货物仓储的场所、旅客售票点或车站等。这些场所为旅客、货主、运输业者、运输代理者提供交易的空间，在这里运输需求方（旅客或货主）、运输供给方（运输企业或其代理人）相互见面，在条件具备的情况下发生市场交换行为。

2. 运输市场是运输产品交换关系的总和

运输市场是运输产品交换关系的总和，这是从广义的角度来对运输市场进行表述，广义的运输市场包括运输参与各方在交易中所产生的经济活动和经济关系的总和，也就是说运输市场不仅是运输产品交换的场所，而且还包括运输活动的参与者之间、运输部门与其他部门之间的经济关系。

3. 运输市场是运输产品现实的和潜在的需求者的集合

运输市场是运输产品现实的和潜在的需求者的集合，这是从运输产品供给者（即运输企业）的角度，把运输产品的需求作为研究对象来进行理解的。我们通常所说的运输企业提高市场占有率，就是以对运输市场的这种理解为前提的。

根据这种观点，不管对于货运市场、客运市场，还是对于其他的运输服务市场，一般都认为运输市场规模的大小取决于三个方面的因素，即运输产品需求的单位数、运输产品的购买力和运输产品的需求趋向。运输企业只有对本企业产品的需求状况进行充分了解，才能使企业的营销工作具有针对性。

1.3.2 运输市场的特征

运输市场是整个市场体系的一个重要组成部分。由于运输产品生产过程、运输需求过程及运输产品的特殊性，运输市场除具有一般市场的共性外，还具有区别于其他市场的特殊性。

1. 运输商品生产、交换、消费的同步性

运输商品的生产过程、消费过程是融合在一起的，在运输生产过程中，旅客、货物是和运输工具一起位移的，是随着交通工具的场所变动而改变所在位置的。由于运输所创造的产品在生产过程中同时被消费掉，因此不存在任何可以储存、转移或调拨的运输"产成品"。同时运输产品又具有矢量的特征，不同的到站和发站之间的运输形成不同的运输产品，它们之间不能相互替代，因此运输劳务的供给只能表现在特定时空的运输能力之中，不能靠储存或调拨运输产品方式调节市场供求关系。

2. 运输市场的非固定性

运输市场所提供的运输产品具有运输服务特性，它不像其他工农业产品市场那样有固定的场所和区域来生产、销售商品。运输活动在开始提供时只是一种"承诺"，即以车票、货票、运输合同等作为契约保证，随着运输生产过程的进行，通过一定时间和空间的延伸，在运输生产结束时，才将旅客、货物位移所形成的运输劳务全部提供给运输需求者。整个运输市场交换行为，并不局限于一时一地，而是具有较强的广泛性、连续性和区域性。

3. 运输需求的多样性及波动性

运输企业以提供运输劳务的形式服务于社会，服务于有运输需求的各个组织或个人。由于运输需求者的经济条件、需求习惯、需求意向等多个方面存在差异，必然会对运输劳务或运输活动过程提出各种不同的要求，从而使运输需求呈现多样性的特点。

由于人们工作、生活，以及工农业生产具有季节性的特点，因此旅客运输需求和货物运输需求也会有季节性的波动。例如，每年春节、暑假等时间段，旅客运输需求十分集中，又如水果、蔬菜等农产品的运输需求有明显的季节性特点。由于运输产品无法储存，运输市场供需平衡较难实现。

4. 运输市场的易垄断性

运输市场的易垄断性表现在以下两个方面。

（1）在运输业的某一发展阶段，某种运输方式往往会在运输市场上形成较强的垄断地位，这主要是因为自然条件和一定生产力水平下某一运输方式具有技术上的明显优势等原因造成的。

（2）运输业具有自然垄断的特性，这使得运输市场容易形成垄断。通常把因历史原因、政策原因和需要巨大初期投资等原因使其他竞争者不易进入市场，而容易形成垄断的行业称为具有自然垄断特征的行业。运输市场上出现的市场垄断力量使运输市场偏离完全竞争市场的要求，因此各国政府都对运输市场加强了监管。

1.3.3　运输市场的构成

运输市场是多层次、多要素的集合体，运输市场主要有以下几个组成部分。

1. 需求方

需求方包括各类有客货运输需求的单位和个人。

2. 供给方

供给方包括提供客货运输服务的各种运输业者，在我国有国有运输企业、集体运输企业、外资运输企业、混合所有制运输企业、个体运输户等，有时供给方还包括运输业者的行业协会或类似组织。

3. 中介方

中介方包括在运输需求方和供给方之间穿针引线，提供服务的各种客货代理企业、经纪人和信息服务公司等。

1.3.4　运输市场的类型

（1）按运输方式，运输市场可分为铁路运输市场、公路运输市场、航空运输市场、水运运输市场等。

（2）按运输距离的远近，运输市场可分为短途运输市场、中途运输市场和长途运输市场等；也可按运输市场的空间范围，分为地方运输市场、跨区运输市场和国际运输市场等。

（3）按与城乡的关系，运输市场可分为市内运输市场、城际运输市场、农村运输市场和城乡运输市场等。

（4）按客体结构，运输市场可分为基本市场和相关市场。基本市场分为客运市场、货运市场；相关市场分为运输设备租赁市场、运输设备修造市场、运输设备拆卸市场等。其中货运市场也可以按照运输条件分为一般货物运输市场和特种货物运输市场。一般货物运输市场可分为干货运输市场、散货运输市场、杂货运输市场、集装箱运输市场。散货运输市场可再细分为煤炭运输市场、粮食运输市场、钢铁运输市场、油品运输市场等。特种货物运输市场可分为大件货物运输市场、"危禁"货物运输市场、冷藏运输市场等。客运市场也可以细分，如分为一般客运市场和特种客运市场，后者如旅游客运市场、包机（车、船）市场等。

（5）按竞争性，运输市场可以分为垄断运输市场、竞争运输市场、垄断竞争运输市场及寡头垄断运输市场等。这种分类是针对特定时间、地点等条件而言的，比如有的运输企业在一些地区是垄断的，在另一些地区则可能是竞争的。

（6）按时间要求，运输市场可分为定期运输市场、不定期运输市场、快捷运输市场等。

1.3.5　运输市场营销的含义

运输市场营销是指运输企业运用市场营销的基本原理和方法对运输市场进行调查、预测和定位，从而开发出适合运输市场需求的服务产品，以满足运输市场需求的全过程。

对于运输业来说，在营销中同样存在产品、定价、渠道和促销问题，同样需要进行市场调查，同样需要正确的营销观念。在计划经济条件下，运输业作为国民经济发展的基础产业，曾被认为是应当由政府高度控制的行业，价值规律在这一行业不发生作用，价格要由政府集中控制。改革开放后，国家开始对运输业单一的管理模式、僵化的管理体制进行改革，积极适应快速发展的市场经济的要求，特别是从上至下树立了市场营销的观念，将市场营销的理论和方法运用于运输生产经营中，取得了良好的经济效益和社会效益。

1.3.6　运输市场营销的特征

1. 非实体性

运输产品是旅客和货物的空间位移，它是无形、无质的，看不见，摸不着，除非亲身去消费，否则感受不到它的存在和价值。非实体性是运输产品与其他有形产品的重要差别所在。

2. 不可分离性

有形产品从生产到消费分别经过生产、流通和消费领域，无论在空间上还是在时间上都是相互分离的。运输产品则不同，生产和消费同时进行，在时间上和空间上都无法相互分离，也就是说，运输业进行生产的过程，正是消费者消费运输产品的过程。运输产品的消费者只有加入生产过程中，才能真正消费这种产品。

3. 可变性

可变性又称差异性。运输产品在很大程度上具有可变性，可变性取决于由谁来提供，以及在何时、何地以何种方式来提供这种产品。不同的运输生产者，在不同时间、地点提供的运输产品是有差异的，有的差异甚至非常明显。例如，一旅客从 A 地至 B 地可能有多种运输方式可供选择，而选择不同运输方式的感受会有较大差别。民航运输速度快、服务质量好，但价格较高；铁路运输速度居中，但价格相对便宜，服务质量较好；公路运输方便、灵活，但长距离旅行舒适度不及铁路运输和民航运输；水运速度相对较慢，但价格便宜。可以看出，在完成旅客空间位移的过程中，各种运输方式所表现出来的差异性十分明显。即使是同一种运输方式来完成某一运输过程，由不同运输主体提供的运输设施和服务质量也不可能完全相同。

4. 不可储存性

运输产品无法像有形产品一样被储存起来，以备销售。虽然提供运输的设备和能力可能会提前准备好，但生产出来的运输产品如果不当时消费掉，就会造成经济损失（如车船座位的虚糜）。当然，这种损失可能不像有形产品那样明显。

5. 缺乏所有权

缺乏所有权是指在运输生产和消费中几乎不涉及任何东西的所有权转移。运输提供的产品是无形的，消费者在消费运输产品时，并没有实质性地拥有它。例如，旅客乘坐火车从一地到另一地后，除了手中的火车票，再没有拥有任何东西（火车票是在上车前就购买的），铁路没有把任何东西的所有权转让给旅客，旅客也不能改变运输产品的数量和性质。

由以上分析可以看出，非实体性是运输产品的突出特点，其他的一些特点，包括不可分离性、可变性、不可储存性、缺乏所有权等都是基于这一点衍生出来的。运输产品的上述特点决定了运输市场营销区别于其他有形产品营销的特殊之处。

（1）非实体性运输产品与实物性产品相比，在营销方面存在更大的困难。

（2）供需直接见面。有形产品的生产与消费在空间上和时间上是分离的，供需也是分离的，然而，运输产品的生产和消费是在同一时空中进行的，这决定了产品的提供方和需求方是直接接触的。供需直接见面决定了运输业的营销活动在很大程度上是企业的全员营销活动，每一个人的行为都会对企业产生直接影响。

（3）代理制是分销运输产品的重要形式。运输产品的非实体性和不可储存性，使它的分销成为一个难题。如果旅客全都集中到铁路车站去购票的话，势必给双方带来不少问题。对于旅客来说，不仅增加了排队时间，加大了购票难度，而且加剧了自身的心理紧张程度，在这种情况下，顾客可能会重新选择。为了提高运输产品的分销效率，运输企业会采用代理制，民航运输是采用代理制的一个典型。美国民航业在城市和农村设有数量众多的代理销售点，即使在农村或偏远地区，也能非常方便地购买机票。我国民航业在全国各地也都有代理销售点。代理销售为运输产品的有效分销和增加产品的市场渗透力发挥了重要作用。

（4）价格机制不尽一致。不同运输方式在价格形成和变化机制上存在明显差别。目前，我国铁路的价格形成和调整机制僵硬、呆板，价格跟不上市场需求的变化，有时甚至违反价格变化的一般规律，而民航价格变化的灵活性则要大一些。

（5）内部营销和关系营销地位突出。内部营销源于这样一种理念，即企业职工是企业重要的内部市场，如果内部目标群体不能很好地市场化，那么企业针对外部市场的营销也不可能成功。基于这一点，企业内部管理的核心是发展职工的顾客意识，以提高服务水平。运输企业可以用三种方法提高其市场占有率：吸引更多的新顾客；增加既有顾客的购买数额（购买量）；减少顾客的流失。吸引新的顾客仅仅是其中的一种方法，不幸的是，很多企业将注意力只集中在这一点上。

1.3.7 运输市场营销的效用

市场营销在运输业中主要有以下几种效用。

1. 空间效用

市场营销创造空间效用是为了让旅客和货主具有获得服务的更大的便利性。如货主于甲地生产的产品在乙地行情看好，为使产品安全便利地到达乙地，他必然要选择一种合适的运输方式。若铁路部门通过营销努力使货主最终决定通过铁路将该产品运至乙地销售，货物顺利地运抵乙地后，增加了该产品的价值，铁路也获得了合理的利润，这样，市场营销活动就创造了空间效用。

2. 时间效用

市场营销创造时间效用是使旅客和货主想要某种服务时就能及时得到它。例如，铁路有着纵横交错的路网及各种等级可供选择的旅客列车，还具有大批量货物运输的优势，运输能力巨大，但同时也存在运能不能储存的缺陷。通过市场营销，铁路各部门通力合作，以满足旅客、货主的需求为目的，设计合理的运输方案和计划，吸引各类旅客与货主随时随地选择满意的运输方式，并承诺给予最便捷的服务。这样，一方面满足了不同层次旅客、货主对铁路运输时效性的需求；另一方面可减轻运输量季节性波动的影响，从时间上实现均衡运输的目标。

3. 形象效用

市场营销创造形象效用，其作用在于赋予运输服务新的价值。这些新的价值包括企业信誉、企业声望，或与特定的服务供应者相联系的声誉。形象效用的产生，往往是使用了包括广告、推销和公共关系在内的营销技术的结果。形象效用比市场营销所创造的其他效用更具主观性。通常人们都对服务附加的情感或心理价值给予充分的认可与认同，并乐意接受这种特殊价值。

4. 形态效用

形态效用是企业产品在生产过程中发生价值变化的总和。当原材料建成铁路线路，制造了机车和车辆时，形态效用就产生了。机车和车辆组合成旅客列车或货物列车投入运用，"车""机""工""电""辆"各个系统的联动作业也创造了形态效用。形态效用不是因营销而产生，但市场营销可以通过市场调研的结果来深刻地影响形态效用。如铁路运输企业的车辆性能、式样、设施、结构，设计应该符合各类旅客的消费需求，而不能只采用某种单一的样式。再如运输组织方式、售票方式、运营管理等，也可以用形态效用的眼光进行改进。

1.3.8 铁路运输市场营销的特点

1. 铁路运输市场营销的概况

通过大量针对旅客行为的调查，可以进行旅客属性、运输方式属性和出行属性对旅客选择行为的影响分析。

（1）客运市场竞争激烈。随着公路网的不断扩大，密度不断提高，公路旅客运输以其覆盖点多、乘车时间灵活等优势抢占了省内及邻省的中短途客流。航空运输以其快速、舒适度相对较高、票价灵活等优势成为高端客流出行的首选。铁路旅客运输在经过了低迷之后，随着铁路提速、高铁连接成网等优势的逐渐建立，运输市场份额得到了提升，但与公路、航空运输的竞争依然激烈。近期，郑州铁路局对长途旅客运输进行市场调研，调查不同层次的旅客 1 000 余人，发放问卷 1 000 份，收回 897 份。调查中得知，中长途年发送量民航约占 28%，铁路约占 35%，公路占 24%，其他占 13%。

这些分析的结果表明：中长距离出行的旅客对客运产品的选择受出发时间的影响较大，且客运需求结构在不同时段的差异显著，在 6:00—11:00 时间段旅客为 1 日内到达目的地而选择飞机出行的概率最大，在 16:00—19:00 时间段有 42.5% 的旅客希望乘坐列车硬卧出行。对于短距离出行的旅客，其选择行为受出发时间的影响较小，出行距离为 500 km 以内的旅客有 70% 左右会选择公路、普速铁路或时速 250 km 以内的动车组出行，高于选择高速铁路动车组出行旅客的比例；在 500～1 100 km 出行距离范围内，高速铁路动车组的优势显著；在 1 100～2 000 km 出行距离范围内，列车硬卧被旅客选择的概率最大；而当出行距离大于 2 000 km 时，飞机成为最具竞争力的客运产品。各种客运产品均存在一定的优势距离范围，因此，在规划综合运输通道内各种运输方式客运产品的过程中，应当使客运供给结构在空间上的分布尽可能与客运需求的空间分布相一致，最大限度地满足旅客对各种运输方式客运产品的需求。

（2）旅客出行需求不尽相同。因经济水平、出行目的不同，铁路旅客呈现出对于购票方式、出行时间、乘车舒适度的多层次要求。在一次对铁路旅客的调查问卷中显示：48% 的旅客出行为探亲，其次为经商，占 26%；出差占 17%，其他占 9%，其中 48% 的探亲流多为务工人员的迁移。出差、经商流一般对出行时间要求高，多采用网络购票方式。探亲流旅客根据经济条件更关注票价和舒适度。

铁路运输企业应在客运市场细分的基础上，根据市场调查和预测，结合自身的性质和能力条件，选择和确定企业的客运目标市场。

通过客流调查表明：中等及以下收入群体，大多会选择乘坐普速铁路出行；高收入旅客选择高速铁路出行的概率则大得多。铁路运输企业应采用差异化目标市场策略。在确定目标市场时，充分考虑中低收入旅客及高收入旅客的需求差异所带来的影响。

2. 普速铁路运输市场的特点分析

1）普速铁路依然是铁路运输的重要力量

我国人口基数大，普速铁路仍然肩负着我国铁路运输的重担，其在客运方面占有重要的地位，在货运方面则是目前的骨干力量。

2）普速铁路覆盖面积广

我国国土广袤，铁路网络四通八达，遍及祖国的大江南北。普速铁路，覆盖着我国的大面积国土。

2021 年年底，全国铁路营业里程达 15.0 万 km，其中高速铁路为 4 万 km 左右；2022 年年底，全国铁路营业里程达到 15.5 万 km 以上，其中高速铁路为 4.2 万 km 左右。目前，我国高速铁路营业里程占铁路营业里程的比重在 27% 左右，普速铁路营业里程占铁路营业里程的 73% 左右。

我国高速铁路的大部分站点聚集在一、二、三线城市，而四、五线城市的交通运输仍主要依靠普速铁路来支撑。虽然高速铁路在发展，但我国普速铁路的发展并没有止步不前，普速铁路仍是铁路运输的重要力量。

3）普速铁路满足相应的细分市场

我国的经济发展现状是居民收入存在一定的差距，所以市场需求也多种多样，普速铁路与高速铁路满足不同的细分市场需求。

一部分旅客不愿去承受高速铁路的较高票价，只要时间充足，其更愿意选择普速铁路作为自己出行的交通工具。

就目前我国的国情来看，普速铁路有其自身的优势，在今后一段时间内，这些优势是高速铁路无法替代的。未来普速铁路也将不断发展，在运输业中继续发挥重要的作用。

3. 高速铁路运输市场的特点分析

1）高速铁路运输效益突出

高速铁路与普速铁路相比，具有速度快、安全可靠、舒适度高、能源消耗低、环境污染少、经济效益高等特点。高速铁路释放了一部分铁路货运能力，缓解了货运压力，促进生产要素流动。高速铁路促进了人口流动，令地区间商务往来更加密切，使经济活动更加频繁。

2）高速铁路对区域经济发展促进作用明显

高速铁路对区域经济发展的促进作用是普速铁路运输方式无法相比的。高速铁路产业本身就是高科技产业，它的发展不仅可以带动交通运输业、制造业、旅游业、房地产业的发展，也会促进高新技术产业的发展，其增强了区域经济联系，提高了线路沿线城市竞争力，能加速新的经济增长极的形成，从而对区域经济格局产生影响。

3）高速铁路综合效益显著

中国高速铁路技术日益成熟，已处于世界领先水平。对外出口高速铁路技术可以进行产能输出，实现盈利，甚至可以为国家外交战略服务。

由此可见，高速铁路在某些方面的优势是普速铁路无法比拟的。

"即使汽车越来越多，自行车依然有用武之地"，从目前来看，高速铁路没有办法彻底取代普速铁路。高速铁路针对的是中高端的旅客群体，体现的是高效、快捷、安全、舒适，普速铁路针对的是其他的旅客群体，二者的侧重点各有不同。虽然与高速铁路相比，普速铁路速度慢、耗时长，但其也有着成本低、覆盖范围广的特点，对价格敏感的旅客，对时间和舒适度要求不高的旅客，或者因目的地暂时没有开通高速铁路的旅客，依然有乘坐普速铁路列车出行的需求。

在短时期内，我国依然处在高速铁路与普速铁路并存的发展阶段，我国幅员辽阔、区域经济发展不均衡，旅客群体会按照需求与承受能力的不同来灵活选择出行方式，铁路运输企业应该努力挖掘自身潜力、提高服务水平，发挥竞争优势，在大力发展高速铁路的同时，也要继续做好普速铁路的运营工作，做到高速铁路和普速铁路协同发展，共同服务民生。

4. 高速铁路运输市场营销的发展基础

1）加强技术创新

高速铁路是依托高科技的产业，核心技术是其发展的根本动力。速度快、运量大、安全性好、舒适等优势是人们选择高速铁路出行的依据。要继续引领未来的交通趋势，高速铁路必须向着更快、更经济、更环保、更安全的方向不断发展。

我国高速铁路应在引进和吸收国外高速铁路先进技术的基础上，坚持自主创新，把原始创新，集成创新，以及引进、消化、再创新结合起来，全面掌握核心技术。

2）降低成本、形成规模效应

（1）发挥技术进步在降低成本中的作用。通过技术更新，降低高速铁路建设中遇到的风险，提高劳动生产率。要充分利用资源，尤其要加强重要干线的建设。要大力开展高速铁路建设，增强规模效应，要根据地方经济发展水平，差异化定价。

（2）通过加强高速铁路成本核算管理，降低建设和运营成本，采用现代化经营模式，在高速铁路客运价格制定方面，高速铁路管理部门应与其他相关铁路部门协调配合，根据客运市场情况及客流动态变化，采用机动、灵活的定价方式，如采取季节性票价浮动、出售往返、定期票（如月票）等经营手段，既保证高速铁路与既有线的经济效益，也增强铁路运输方式的竞争力。

（3）关注网络技术的发展对高速铁路带来的影响。世界经济已步入网络经济时代，铁路部门必须实现高速铁路"网上建成"，要采用管理信息系统，跟踪每一笔"订票"，清楚掌握高速铁路乘客人数、车次、运行速度和时间，全面掌握信息，保证信息的准确，尽最大可能降低成本，提高运营水平，开展差异化营销。

3）优化高速铁路产业结构

（1）根据区域经济发展速度和水平，较发达地区实现"小时圈"，着重提高高速铁路速度和运营能力，加快人员、技术和资源的流动，并保证高速铁路技术在此区域的即时更新；欠发达地区，可逐步实现高速铁路化，以带动沿线经济的发展，适时开发和完善高速铁路网，促进资源的合理配置。

（2）在运营策略上，调整高速铁路产业结构。高速铁路的竞争优势体现在中长途客运上（将来还有货运），对中长途线路的建设和管理是工作的重点，通过成本管理降低中长途线路成本，优先发展高速、安全的中长途线路，并配合公关宣传等营销手段，推动中长途高速铁路线路的持续发展。

（3）实现人货分流。客运方面，以城市发展为优先考虑因素，解决人员工作、旅游、探亲等需要；未来在货运方面，以市场需要为优先考虑因素，解决经济发展过程中对资源的利用问题，处理好铁路建设与环境保护的关系。

5. 高速铁路运输市场营销现状

当前，我国高速铁路运输市场营销主要存在以下几个问题。

（1）营销体系不够健全。高速铁路客运的管理仍然是采用普通铁路的管理办法，各层级机构设有分管客运的部门，但各个部门缺乏充分的联系，每层级机构的营销观念和意识较差。缺少一个统领全局的客运营销中心来领导高速铁路运输市场的营销工作。

（2）营销观念落后，营销意识薄弱。高速铁路运输业务能否抓住机遇、迎接挑战、开拓进取、不断发展，关键在于能不能真正地了解市场，适应市场和占领市场。虽然铁路部门改进了客运设备，提高了列车速度，但是许多客运工作人员缺乏市场观念和竞争意识，没有危机感和紧迫感。营销观念落后，营销意识薄弱，致使在旅客运输过程中许多问题不能及时解决，制约着高速铁路运输产品的生产和销售。

（3）营销手段落后。高速铁路的客运营销还停留在原来"坐销"的层次上，销售网络单一，市场宣传较少，不能有效地利用当前发达的媒体来提高高速铁路的社会影响力。

（4）营销团队缺乏。在面对运输市场激烈的竞争时，高速铁路客运部门缺乏专门的营销团队，职工的整体素质还不高。要想扩大高速铁路的影响力，吸引客流，就迫切需要由一批高素质、高能力、高效率的人才组成专门的营销团队。

（5）产品单一。当前的高速铁路客运还停留在单一的旅客运输上。旅客乘坐高速铁路出行，需要的不仅是空间的位移，他们还需要满足旅途中的高层次享受和娱乐。在当前的高速铁路运输中，这种服务还比较单一。

（6）服务质量不高。车下买票难，车上不舒适，餐饮质次价高，客运服务人员素质低下。高速铁路职工"铁老大"的思想还比较严重。服务质量比较低下，损害了高速铁路的形象，加大了与民航等客运方式的差距，影响了高速铁路的发展。

（7）与其他运输方式协调不够。高速铁路车站一般位置比较偏远，影响了乘客乘坐高速铁路列车的积极性。高速铁路要想吸引客流，就必须与其他运输方式协作，减少旅客换乘的次数，降低旅客换乘的时间，达到零距离换乘，方便旅客出行。

（8）企业激励措施不力。目前高速铁路职工的工资比较固定，缺乏必要的激烈措施，干多干少、干好干坏一个样，影响了员工营销的积极性，这些都严重制约了高速铁路优势的充分发挥。

6. 高速铁路运输市场营销的创新

高速铁路与普速铁路的目标市场不同，营销的侧重点也不同。

铁路旅客运输的特点是运量大、安全舒适、受气候和地理因素的影响小、票价范围较广、速度较快等，但旅客需要经过购票、候车、进站、上车、下车、出站等多个环节，不够便利和灵活，这些影响了旅客的消费体验。

针对这些情况，高速铁路应发挥竞争优势，抓住高速铁路的特点，有效利用各种新技术、新理念进行营销创新，适时推出新的特色产品及特色服务来满足顾客的特定需求。

1）利用手机闪付技术发展"铁路ETC"

利用手机闪付技术进站乘车，被形象地比喻为"铁路ETC"，其类似于高速公路不停车收费系统，实现了先坐车后付费，省略了买票环节，让旅客体验到"不购票"乘车及"闪付过闸"。

📍 延伸阅读

广深城际铁路全线各站率先实行银联闪付进站乘车，进一步拓展铁路运行"公交化"服务，为旅客出行提供更多便利。

广深城际铁路乘客通过刷银联支付卡，特别是"刷手机闪付"就可进站，这在全国铁路尚属首例，也是粤港澳大湾区"智慧交通"建设在铁路行业的创新式尝试。

2018年春运期间，铁路部门与中国银联在广州东站和深圳站进行了刷卡和"刷手机闪付"进站试点，受到广大旅客青睐；在2018年春季广交会期间，许多国外旅客体验后纷纷惊叹："没想到中国铁路发展如此迅速，已经牢牢占领了新科技应用制高点。"

旅客在手机上绑定银联支付卡便可实现"刷手机"进站。旅客无须再到窗口和自动售票机排队购票，也无须提前网上购票，轻松实现进出站，平均节约时间15 min左右。旅客"刷手机闪付"后，手机上随即收到一条有乘车时间、车次、座位等信息的短信，同时，旅客也可通过下载注册"云闪付"App自行查询席位信息。整个"刷手机"进站过程仅花费3～5 s，大大地提高了旅客出行效率。

要实现"刷手机"进站，首先要进行实名注册。内地用户可持本人二代身份证在广深城际车站自助注册终端上完成实名认证操作。港澳用户可持回乡证或护照在广深城际车站的自助检票闸机上按照闸机提示完成实名注册操作。成功注册后即可使用银联 IC 卡闪付、银联手机闪付进出闸乘车。

注册的银联卡将开通免签免密功能，为了验证银联卡是否有效，铁路部门将在实名注册时从银行卡中冻结 0.01 元预授权（30 天后自动解除冻结）。

旅客的手机须具备银联手机闪付功能并已绑定有效的银联卡。如手机绑定了多张银联卡，应选择使用完成实名注册的银联卡进出闸乘车。

注册成功的银联支付卡可作为乘车凭证，直接刷卡进站、乘车、出站。铁路部门将根据入、出闸记录，按照广深城际动车组列车二等座席全价在银行账户中扣除。

银联支付卡限单人使用，从进站（入闸）开始，经过乘车，到出站（出闸）结束，视为完成一次全程旅行，有效时间为 3 h。

旅客从广州东站、深圳站进闸时，检票闸机会自动打印一张座位信息条，也会向注册登记的手机号发送半小时以内有空余二等席位车次的座席信息（如半小时以内所有车票已售完，铁路将发送一条最近车次的无座席位），同时，也可通过下载"云闪付"App 自行查询席位信息。

2）通过"铁路 e 卡通"，实现即来即走的公交化出行

在广深城际铁路实现了银联闪付进站乘车，即乘客在使用银联 IC 卡和华为、苹果、三星、小米、魅族等手机 Pay 刷卡通行的基础上，登录 12306 账户，在首页点击"铁路 e 卡通"进入功能界面，然后选择开户，确认自己的详细信息，接着上传身份证，绑定银行卡账户，最后点击"立即开户"，提交申请就可以了。

铁路 e 卡通是官方推出的二类卡账户，可以绑定很多账户，比如可以绑定微信、支付宝或者是一些国内手机的官方钱包，直接从里面就可以扣除乘车的费用。这种铁路 e 卡通在特定的站点可以直接扫码乘车，不耽误乘车的时间，所以大大提高了通行的效率。仅需在相应进站闸机处通过手机扫码和人脸识别，即可完成实名制验证及进站乘车手续。到站后再通过手机扫码即可出站，出站闸机则根据乘车信息扣除相应的票款，完成当次乘车费用支付。

3）推出互联网订餐，注重特色与方便

2017 年 7 月，中国铁路总公司（现国铁集团）正式推出互联网订餐服务，消费者通过线上点餐，餐品可直接配送至座位。自 2018 年 1 月 18 日起，将互联网订餐截止下单和取消时间由开车前 120 min 调整为 60 min。2020 年 9 月，普速列车网络订餐服务正式上线。2021 年 5 月，首届"12306 美食节"活动上线。现在通过 12306 平台不仅可以订餐，还可以订特产，不仅可以车上订餐，还可以到站取餐。

升级互联网订餐服务是铁路部门根据旅客的新需求而调整的。有些旅客上了车以后才想起要点餐，或者上了车之后才知道有这个服务。例如 10 点上车，要点 12 点吃的餐，按照原来的规定，可能就不能订了。

对于高速铁路外卖订餐截止时间提前一个小时，铁路部门面临最大的挑战，就是要保证各工作环节的有序衔接。原来的 2 个小时，除去送餐的半小时，商家接单、配餐、送餐到集

中点有一个半小时的时间，现在压缩到半小时，时间非常紧张。为了保证能及时将餐送到旅客手上，需要各个环节高效配合才能够实现。

对于各个环节的高效配合，目前餐品从商家到消费者仍有两处中转环节，应尽量减少中间环节，进一步提升配送效率和确保餐品全程可控。

在实际订餐过程中需要填写车次、姓名、车厢号、座席号，这些基本信息订票时 12306 系统均有记录，而订票账号与订餐账号为统一的账号，理论上完全可以通过系统内的自动识别来简化信息录入过程，让旅客体会到高速铁路服务的便利。

单份外卖的价格大多在 40 元以上，加上 8 元配送费用，单份外卖的价格大多在 50 元以上，高速铁路自身提供的餐食价格也普遍在 50 元左右，在部分旅客看来，高速铁路列车上吃饭贵仍是个问题。

在不少国家和地区，由铁路部门自制的"铁路便当"已不再只是让旅客们饱腹的一顿快餐，"铁路便当"已经发展成一项旅行特色产品。今年春运期间，高速铁路列车上的餐饮品种除常规的几档盒饭，还增加了包子、干炒河粉等点心和简餐。

北京京铁列车服务有限公司的配餐基地在 2018 年春运期间根据不同线路沿线区域性饮食风俗习惯和旅客用餐需求，生产 6 个价位（10～99 元）的 18 种套餐。此外，还为有特殊需求的旅客提供了素食套餐。

铁路部门目前"不再针对某个单一餐食品种做硬性规定，而是要求针对多样化需求为旅客提供高、中、低档不同饮食产品。"15 元一份的餐食将不再是高速铁路列车上最便宜的餐食，铁路部门将提供更便宜的餐食，如 10 元以下的包子等。

高速铁路盒饭和高速铁路外卖应互为补充，铁路部门既要为旅客根据自己的需求点外卖提供方便，也要提供更多品种和价位的列车自供盒饭供其选择。"丰俭由人"，是一种尊重，更是体贴。

中国铁道科学研究院节能环保劳卫研究所课题组还发布了《铁路旅行食品产品开发方案的征集通知》，将面向社会食品生产企业或食品研发单位，征集铁路旅行食品系列产品设计开发方案。要求结合铁路和地方特色进行创意设计，这是中国铁路总公司转型和回归市场需求的重要举措，标准化的铁路配餐体系获得了长足发展，基本与铁路系统的发展相匹配。而车上诸如零食、饮料、水果、简餐等轻量化餐饮很好地迎合了如今人们中短途出行的饮食需求。

社会化餐饮进入铁路市场带来了诸多影响，例如，很多人坐高速铁路列车路过德州都想品尝德州扒鸡，但是买一整盒并不方便，如果有小包装的德州扒鸡商品将更受欢迎。在需求为主导的市场背景下，多方共同培育了小包装德州扒鸡消费市场。未来餐饮企业应该更多地考虑消费者需求，研发、生产便于在火车上食用和有地域特色的餐品，与铁路企业合作共赢。

4）与银行合作，共同推出购票优惠活动和铁路联名卡

近年来，伴随移动互联网迅猛发展以及"普惠金融"战略的深入推进，铁路部门协同银行等金融机构依托"互联网+"现代科技手段，不断创新服务，提升出行体验——从过去"走得了"，到如今"走得好"的方向发展。铁路部门通过与金融企业的合作，推出系列优惠活动，开展支付类的市场营销活动，促进双方效益的提升。

　　铁路部门曾与交通银行共同推出中铁网络联名信用卡"购票 7 折优惠"活动：成功申请并核发交通银行中铁网络联名信用卡主卡的新客户，核卡日起 45 天（含）内，在中国铁路 12306 手机 App 或中国铁路 12306 官网通过中国银联支付渠道使用本次申请核发的交通银行中铁网络联名信用卡主卡支付所购买的火车票可享受首次购票七折优惠（封顶 66 元）。借鉴民航营销经验，瞄准中高端客户市场，推出周五购票立减 5%，白金卡立减 10%，信用卡激活首年送一年铁路乘意险，白金卡还可获赠一年内无限次铁路商务休息厅服务等活动。

　　铁路部门还与中国银行联合推出了中铁 12306 畅行信用卡。2023 年 1 月 10 日至 2023 年 12 月 31 日，中国银行中铁 12306 畅行信用卡新客户在卡片核发并激活后，通过报名的方式参加活动，自激活日起每自然月使用该卡累计消费金额达到一定金额，次月 10 日后可获得 1 次首笔在 12306 手机 App 购票 5 折立减奖励（单次最高 50 元，立减金额为实际支付票价的 5 折）。参加此活动的新客户，自激活后，最高享受 6 个自然月立减奖励。2023 年 1 月 10 日至 2023 年 3 月 31 日，中国银行中铁 12306 畅行信用卡持卡人通过 12306 手机 App 指定渠道（银联云网平台、微信）购票，享首次购票 8 折优惠，每个渠道限享受 1 次，单笔最高优惠 15 元。中国银行中铁 12306 畅行信用卡申请界面如图 1-4 所示。

图 1-4　中国银行中铁 12306 畅行信用卡申请界面

5）扬己之长，发展高速铁路快递

铁路部门利用日常开行的高速铁路列车进行快递运送，运送时限包括当日达、次日达等方式，能抵达的城市较多。

高速铁路是运送快递最理想的途径之一：高速铁路运送快递不受交通堵塞、航空管制等因素影响，除极端天气外，高速铁路快递准点率高。

2014年年初，高速铁路快递在京沪高速铁路上试运行。从2014年4月开始，高速铁路快递正式运营，北京、天津、上海、南昌、郑州、哈尔滨、沈阳、长春、石家庄、太原、武汉、西安、济南、杭州、南京、合肥、福州、广州、深圳、长沙等城市率先借助高速铁路网络开通高速铁路快递业务，一共有四种快递产品类型，最快的产品类型是当天寄货当天抵达，资费首重130元/kg，续重25元/kg。

目前，中铁快运已在一百多个城市开办高速铁路快递业务，这意味着中国国内的高速铁路快递网络初步形成。公众只需拨打客服电话下单，工作人员就会上门取件，再通过高速铁路迅速送达目的地城市。铁路部门介绍，高速铁路运输具有公交化运行、受天气影响小、准点率高、和谐服务的优势。发件成功后，寄件人可登录相关网站，利用快递单号随时查询快件状态，或拨打客服电话进行人工查询。

高速铁路快递的出现，将与航空快递等快递方式产生竞争，相比航空快递，货物抵达火车站后运达顾客手中会更加方便，但高速铁路快递只能实现各地火车站之间的快速抵达，要在市内实现快递上门，还需其他中转方式，如何与其他运输方式整合"接轨"、合作共赢，也是今后需要进一步完善的地方。

任务小结

运输产品的特点决定了其市场营销是一种全过程营销、全员营销，即必须通过参与运输生产全过程的全体员工的共同努力，才能创造出能满足旅客和货主需求的服务产品来适应和引导市场需求。

思考与练习

1. 简述运输市场的概念。
2. 运输市场的特征有哪几点？
3. 运输市场的构成包括哪些？
4. 简述运输市场营销的效用。

项目 2

高速铁路运输市场分析

🚩 **思政目标**

● 通过分析高速铁路运输市场，体会铁路发展在解决现阶段我国社会主要矛盾——人民日益增长的美好生活需要和不平衡不充分的发展之间的矛盾上的作用。

📕 引导案例

国铁集团交 2022 年成绩单

2023 年 1 月 3 日，中国国家铁路集团有限公司（以下简称"国铁集团"）工作会议在北京以电视电话会议形式召开。2022 年全国铁路完成客运发送量 16.1 亿人，货物发送量 39 亿 t，同比增长 4.7%，其中电煤 14.9 亿 t，同比增长 13%。全国铁路完成固定资产投资 7 109 亿元，投产新线 4 100 km，其中高铁 2 082 km。全国铁路完成运输总收入 6 936 亿元，其中货运收入 4 786 亿元，同比增长 9.8%。

国铁集团企业改革三年行动《实施方案》明确的 110 项改革任务全部完成，2022 年国铁集团改革创新持续深化，川藏铁路工程首批国家重点专项全面启动，自主研发的世界领先新型复兴号高速综合检测列车创造了明线相对交会时速 870 km 的世界纪录。同时，中老铁路黄金通道作用凸显，雅万高铁成功试验运行，国际班列开行数量强劲增长。

会议回顾了新时代十年里中国铁路事业取得的历史性成就。比如全国铁路营运里程由 9.8 万 km 增加到 15.5 万 km，增长 58.2%，其中高铁由 0.9 万 km 增加到 4.2 万 km，增长 366.7%，建成世界最大的高速铁路网和先进的铁路网，130 多个县结束了不通铁路的历史。又比如坚持深化铁路运输供给侧结构性改革，推动我国铁路实现了由瓶颈制约型运输到逐步适应型运输的历史性转变，全国铁路完成旅客发送量 259.1 亿人、货物发送量 324 亿 t，较上个十年分别增长 86.8%、21.7%。

2023 年国铁集团将重点抓好十三个方面的工作，其中包括坚持市场化、法治化、国际化方向，全面提升国铁集团企业经营质量和管理水平，以及巩固拓展国铁集团企业改革三年行动成果，持续深化铁路改革，加快国铁集团企业治理体系和治理能力现代化建设等。

任务 2.1 运输市场现状分析

工作任务

了解我国运输市场特别是铁路运输市场的现状。

任务解析

结合我国国情和铁路运输市场的发展轨迹来理解铁路运输市场的现状。

相关知识

我国运输市场发展遇到的问题、铁路在运输市场中的地位和优势。

2.1.1　我国运输市场发展现状

1. 总体规模

2021 年,受疫情影响,全国运输行业完成营业性客运量 83.03 亿人,旅客周转量 19 758.15 亿人·km,增长 2.6%,营业性货运量 521.60 亿 t,增长 12.3%,货物周转量 218 181.32 亿 t·km,增长 10.9%。

2. 各种运输方式情况

1）铁路运输

2021 年年末全国铁路营业里程达到 15.0 万 km,其中高速铁路营业里程 4 万 km。全国铁路路网密度 156.7 km/km², 增加 3.0 km/km²。

铁路营业里程中,复线率为 59.5%;电化率为 73.3%。

2021 年,铁路全年完成旅客发送量 26.12 亿人,比 2020 年增长 18.5%,旅客周转量 9 567.81 亿人·km,增长 15.7%。

全国铁路完成货物发送量 47.74 亿 t,比 2020 年增长 4.9%,货物周转量 33 238.00 亿 t·km,增长 8.9%。

2）公路运输

2021 年年末全国公路总里程 528.07 万 km,比 2020 年增加 8.26 万 km。全国四级及以上等级公路里程 506.19 万 km,比 2020 年增加 11.74 万 km,占公路总里程 95.9%,提高 0.7 个百分点。二级及以上等级公路里程 72.36 万 km,增加 2.13 万 km,占公路总里程 13.7%,提高 0.2 个百分点。高速公路里程 16.91 万 km,增加 0.81 万 km。全国高速公路里程 11.70 万 km,增加 0.40 万 km。

2021 年,公路全年完成营业性客运量 50.87 亿人,比 2020 年下降 26.2%,旅客周转量 3 627.54 亿人·km,下降 21.8%。完成货运量 391.39 亿 t,增长 14.2%,货物周转量 9 087.65 亿 t·km,增长 14.8%。

3）水路运输

2021 年年末全国内河航道通航里程 12.76 万 km,比 2020 年减少 43 km。等级航道 6.72 万 km,占总里程 52.7%。其中三级及以上航道 1.45 万 km,占总里程 11.4%。

2021 年,水路全年完成客运量 1.63 亿人,比 2020 年增长 9.0%,旅客周转量 33.11 亿人·km,增长 0.4%。完成货运量 82.40 亿 t,增长 8.2%,货物周转量 115 577.51 亿 t·km,增长 9.2%。其中,内河运输完成货运量 41.89 亿 t、货物周转量 17 735.99 亿 t·km;海洋货运量 40.51 亿 t、海洋货物周转量 97 841.51 亿 t·km。

4）民用航空运输

2021 年年末共有颁证民用航空机场 248 个,比 2020 年增加 7 个,其中定期航班通航机场 248 个,定期航班通航城市 244 个。

2021 年,民航全年完成旅客运输量 4.41 亿人次,比 2020 年增长 5.5%,旅客周转量 6 529.68 亿人·km,增长 3.5%,其中国内航线完成旅客运输量 4.39 亿人次,增长 7.6%。

3. 我国铁路运输发展趋势

近年来，我国铁路运输业保持高速发展态势。铁路体制改革也在同步推进，铁道部于2013 年改制成立中国铁路总公司，中国铁路在运价、货运组织、土地开发等多方面进行了较大变革。2017 年 11 月，中国铁路总公司所属全国 18 个铁路局均已完成工商变更登记，更名为中国铁路××局集团有限公司（其中青藏铁路公司更名为中国铁路青藏集团有限公司），各铁路局企业性质由原来的"全民所有制企业"变更为"有限责任企业"。这标志着中国铁路从传统生产型企业向现代经营型企业转型迈出了重要一步。2018 年 12 月 6 日，"中国国家铁路集团有限公司"的企业名称已获核准，中国铁路总公司的公司制改制工作拉开帷幕。2019 年 6 月 18 日，中国国家铁路集团有限公司正式挂牌。

1）中国铁路网建设

高速铁路营业里程占铁路营业里程的比重由 2011 年的 7.08%提高到 2017 年的 19.69%，到 2018 年超过 20%，到 2022 年则已超过 27%。

2022 年全国铁路完成固定资产投资 7 109 亿元，投产新线 4 100 km，其中高铁 2 082 km。

目前"十四五"规划和 2035 年远景目标纲要确定的 102 项重大工程中的铁路项目顺利推进。2023 年，国铁集团将全面完成国家铁路投资任务，高质量推进川藏铁路等国家重点工程，投产新线 3 000 km 以上，其中高铁 2 500 km。

2）货运及客运价格分析

2014 年以前，铁路运价每年由国家发展改革委统一定价、调价。2015 年，国家发改委发布《关于调整铁路货运价格进一步完善价格形成机制的通知》（以下简称《通知》），国家发改委将定价权下放中国铁路总公司。《通知》将国家铁路货物统一运价率提高到 15.51 分/（t·km），并作为基准价，允许上浮不超过 10%，下浮不限。在上述浮动范围内，铁路运输企业可以根据市场供求状况自主确定具体运价水平，铁路货运价格改革已基本完成。

2017 年 12 月，国家发改委发布《关于深化铁路货运价格市场化改革等有关问题的通知》，标志着铁路货运市场化改革再进一步。一方面，更多品类的运输产品实行市场化调节运价；另一方面，实行政府指导价的货品，运价上浮的空间加大，此前最高定价为基准价格上浮10%，此次改为允许基准价格上浮 15%。铁路货运价格市场化调节机制已基本成形。

自 1995 年铁路普客调价后，20 多年内从未上调价格，旅客票价基价率仅为约 0.06 元/km，普快和特快列车硬座客公里票价约 0.11 元和 0.14 元。动车及高速铁路方面，动车一等座、二等座客公里票价分别约为 0.5 元和 0.3 元，高速铁路一等座、二等座客公里票价分别约为0.73 元和 0.45 元。随着铁路运营成本提升，铁路客运提价将是大势所趋。

高速铁路定价权下放至中国铁路总公司，并允许浮动票价。2015 年 12 月国家发改委发布《关于改革完善高铁动车组旅客票价政策的通知》，其主要内容为：① 高速铁路动车组列车一、二等座票价，由铁路运输企业自主制定；② 商务座、特等座、动卧等票价，继续根据市场供求及竞争情况实行市场调节；③ 可制定一、二等座无折扣的公布票价，可根据市场变化实行一定折扣。

东南沿海铁路提价，迎来高速铁路运价市场化调节的开端。2017 年 1 月海南环岛铁路东线（三亚—海口）提价，二等座由 83.5 元上调至 100 元，提价幅度达 19.8%，一等座由 99.5元上调至 160 元，提价幅度达 60.8%。东南沿海铁路（宁波—深圳段）于 2017 年 4 月起提价，其中一等座涨幅超 50%，二等座涨幅则在 16%～20%。高速铁路已经进入市场化运营阶段，未来高速铁路价格有望实现浮动票价，同时其他动车、普铁可能跟进。

普客成本核算基本完成，调价方案正在研究制定中。2016 年 12 月，国家发改委对外发布《铁路普通旅客列车运输定价成本监审办法（试行）》（以下简称《办法》），普铁调价已提上日程。《办法》首次明确了铁路普客的定价成本核定机制，为中国铁路总公司重新核定普客成本提供了依据。

2020 年，全国铁路旅客发送量完成 22.03 亿人，比上年减少 14.57 亿人，下降了 39.8%；全国铁路货物发送量完成 45.52 亿 t，比 2019 年增长 1.40 亿 t，增长 3.2%。我国铁路客运量在 2015—2019 年呈持续增长状态，2019 年铁路旅客发送量 36.6 亿人，为历史最高峰。到 2020 年疫情原因客运量大幅下降甚至低于 2015 年的 25.35 亿人。而我国铁路货运量在此期间大体保持增长趋势。铁路货物运输较旅客运输而言，受疫情这种不可抗力因素影响稍小。主要大宗商品货运量（煤炭、石油、钢铁及有色金属、金属矿石及矿建材料等）占铁路货运量比重较大；其中，煤炭为最主要产品。但近几年该比重有小幅下跌的趋势，2016—2020 年从 52.88% 下降至 47.4%。

2022 年 1 月 4 日，国铁集团工作会议指出，2021 年全国铁路旅客、货物发送量分别达到 25.3 亿人、37.2 亿 t，分别同比增长 16.8%、4.0%。2021 年全国铁路旅客发送量实现恢复性增长，但受疫情反复影响，铁路客运量增幅波动明显。2021 年全国铁路货物发送量目标为 37 亿 t，同比增长 3.4%。虽然 2021 年全国铁路货物发送量超额完成目标，但增幅却低于没有完成任务的 2020 年。2020 年全国铁路货物发送量目标为 36.5 亿 t，实际完成 35.8 亿 t，同比增长 4.07%。对比近 5 年铁路货运量数据，也显示出铁路货物发送量增幅正在逐渐收窄，这种持续收窄的局面或仍将延续。

2023 年 1 月 3 日，国铁集团工作会议在北京召开。会议通报 2022 年全国铁路完成客运发送量 16.1 亿人，货物发送量 39 亿 t，同比增长 4.7%，其中电煤 14.9 亿 t，同比增长 13%。全国铁路完成固定资产投资 7 109 亿元，投产新线 4 100 km，其中高铁 2 082 km。全国铁路完成运输总收入 6 936 亿元，其中货运收入 4 786 亿元，同比增长 9.8%。未来五年乃至今后一个时期，国家铁路的中心任务就是，推动铁路高质量发展，率先实现铁路现代化，重点是构建"六个现代化体系"。"六个现代化体系"即现代化铁路基础设施体系、现代化铁路运输服务体系、现代化铁路科技创新体系、现代化铁路安全保障体系、现代化铁路经营管理体系、现代化铁路治理体系。国铁集团计划到 2025 年，完成铁路"十四五"发展规划目标，基本建成"六个现代化体系"。在此基础上，到 2035 年，铁路基础设施规模质量、技术装备和科技创新能力、服务品质和产品供给质量达到世界先进水平，运输安全水平、经营管理水平、现代治理能力位居世界前列，绿色环保优势和综合交通骨干地位、服务保障和支持引领作用、国际竞争力和影响力全面增强，率先建成现代化铁路强国。

2023 年铁路发展目标是铁路安全保持持续稳定；全国铁路完成旅客发送量 26.9 亿人，同比增长 67.6%；货物发送量 39.7 亿 t，同比增长 1.8%；全面完成国家铁路投资任务，高质量推进川藏铁路等国家重点工程，投产新线 3 000km 以上，其中高铁 2 500km；完成运输总收入 8 175 亿元，同比增收 1 239 亿元，增长 17.9%，总体恢复到 2019 年水平；坚持绿色发展，务实稳妥推进铁路碳达峰、碳中和。

2.1.2　铁路在我国运输市场中的地位和优势

我国幅员辽阔、内陆深广、人口众多，资源分布及工业布局不平衡，铁路运输在各种运输方式中有较大的比较优势，在经济社会发展中具有重要的地位和作用。

有关资料显示，目前，中国大量长途大宗货物运输和中长途旅客运输主要由铁路承担，铁路每年完成的旅客周转量占全社会旅客周转量的 1/3 以上，完成货物周转量占全社会货物周转量的 55%。

铁路是国家重要的交通基础设施，也是资源型和环境友好型的运输方式之一，加快铁路发展已经成为社会各方面的共识。铁路不仅是国民经济发展的大动脉，而且兼具安全、经济、便民、实惠、全天候运输等特点。这些特点，决定了它是大众化的交通工具；也决定了其在我国综合交通体系中的骨干地位。例如从陕西省西安市到甘肃省天水市的距离是 328 km，坐普快火车只需 25 块钱，而从西安市南二环到西安火车北站乘出租车还要近 40 元，所以，铁路是深受老百姓欢迎的一种交通工具。

从有关统计数据也可以看出，我国大量的长距离物资运输主要由铁路来承担。目前，铁路承担了全社会 85% 的木材、85% 的原油、60% 的煤炭、80% 的钢铁及冶炼物资的运输任务，其保证了国民经济平稳运行和人民群众生产、生活的需要，因此，发展铁路是符合中国国情的。

尽管从 20 世纪 90 年代以来，我国各种交通运输方式有了很大发展，但铁路具有明显的比较优势，其在我国综合运输网络中的主干作用是其他运输方式难以替代的。

一方面，我国资源分布不平衡与产业分布不对称，决定了铁路在能源、原材料运输中的作用是其他运输方式无法代替的。我国的能源与原材料由西向东、由北向南的大宗的、长距离货物运距一般都在 800 km 以上，有的甚至达到 2 000 km 以上，至沿海港口的运距一般也都在 500 km 以上。铁路最显著的特点是载运质量大、运行成本低、能源消耗少，其在大宗、大流量的中长以上距离的货物运输方面具有绝对优势，是最适合我国经济地理特征的区域骨干运输方式。

另一方面，铁路在我国中长途旅客运输的主力作用也是难以替代的。我国疆域广阔，人口众多，区域间、城市间的人员流动基数大，而且出行距离长，交通费用支出较大。目前，我国人民生活水平虽然总体达到小康，但收入水平还相对较低，交通费用对人们的出行和交通方式的选择影响很大。特别是在现有的客流群体中，外出打工求职者、学生、中低收入人员、小型个体商贸经营者所占比例很大，他们对交通费用的承受能力有限，出行一般首选铁路。在时间、速度方面，铁路通过多次大提速，在途时间显著缩短，主要城市间基本实现了"夕发朝至""一日或几小时到达"，是中长途旅客运输及大流量、高密度城际旅客运输的骨干力量。特别是随着客运专线的快速发展和铁路技术装备现代化的深入推进，铁路的服务质量和列车运行速度不断提高，使这种比较优势更加明显，铁路成为越来越多的旅客在中长途出行时的选择。

有关数据进一步显示，铁路在节约土地、节约能源、保护环境等方面具有明显优势。在土地占用方面，完成单位运输量所占用的土地面积，铁路仅为公路的 1/10 左右；在能源利用方面，我国铁路用交通行业不足 1/6 的能源消耗，完成了交通行业 1/2 的运输量；在保护环境方面，铁路在各种运输方式中的碳排放是最少的，尤其电气化铁路被公认为是清洁、环保型的交通工具。近年来，铁路系统认真落实节能减排措施，并取得了明显成效。

我国人口众多，土地、能源、环境问题比较突出，这已经成为社会发展的制约因素。世界发达国家私人小汽车的过度发展所带来的交通拥堵、交通事故、环境污染等负面问题值得我们深思。从我国资源有限、客货运输强度大的具体国情出发，更多地发展铁路、引导人们更多选择铁路运输方式是减少资源占用的有效途径。

我国的国情不允许我们完全按照西方发达国家的模式发展我国交通运输业。无论是从国家可持续发展出发，还是从交通事业可持续发展的需要出发，都必须加快铁路发展，推进铁路现代化建设。铁路运输可以更有效地减少交通能源消耗，发展铁路可以更好地减轻交通环境污染。

交通运输对地区经济的发展具有很强的基础性、先导性作用，是经济发展必须投入的社会先行资本。铁路是缩小地区差距、促进社会可持续发展的有效途径，加快欠发达地区的铁路发展可以从根本上改善这些地区的对外交通条件，缩短其与中心城市和全国市场的距离，增强对外部资金和技术进入的吸引力，同时，能降低当地产品的运输成本，提高市场竞争力，为地区经济发展创造更为公平的发展机会，提高欠发达地区人们的福利水平，实现全面建设小康社会的目标。

我们要从建设符合我国国情的综合交通运输体系的总体目标出发，进一步加快铁路的发展速度，提高铁路客货运输能力；加快引进、消化、吸收、再创新的步伐，加速实现我国铁路的现代化。

铁路作为国民经济的大动脉、国家重要基础设施和大众化交通工具，对国民经济和社会发展的重要地位和作用，越来越为各级政府和广大人民群众所认识，铁路大发展有了良好的社会环境。

当前，铁路正处于历史性的建设高潮之中，一大批客运专线陆续投入运营，客货分线逐步实现，铁路运输能力有了大幅度提高。一个发达、完善的铁路网即将全面建成，我国铁路将基本实现现代化并适度超前发展，到那时，铁路的重要地位和作用将更加凸显。

任务小结

铁路既是社会经济发展的重要载体之一，同时又为社会经济发展创造了前提条件。虽然目前我国铁路运营里程的总量还是短缺的，路网结构对国土的覆盖性也有较大的提升空间，但在各种运输方式组成的交通运输体系中，铁路运输处于骨干地位，对国民经济的发展起到了强有力的支持作用。通过了解我国铁路运输市场发展的现状和存在的问题，会有助于思考如何才能抓住机遇继续发展铁路运输业，特别是发展高速铁路运输业。

思考与练习

1. 简述我国运输市场发展的现状。
2. 简述我国铁路运输发展的趋势。
3. 怎样看待铁路在运输市场中的地位和优势？

工作任务

了解如何进行铁路运输市场营销环境分析。

任务解析

从微观和宏观两个方面来了解铁路运输市场营销环境分析的内容。

相关知识

市场营销环境的定义与特征。

任务实施

2.2.1 市场营销环境的定义与特征

1. 市场营销环境的定义

美国学者菲利普·科特勒对市场营销环境的定义是："由企业营销管理职能外部的因素和力量组成的，影响营销管理者成功地保持和发展同其目标市场顾客交换的能力。"通俗地说，市场营销环境泛指一切影响和制约企业市场营销决策和实施的内部条件和外部环境的总和。市场营销环境是指企业开展营销活动时受之影响和冲击的不可控力量，如供应商、顾客、文化与法律环境等。市场营销环境可分为宏观市场营销环境和微观市场营销环境。

宏观市场营销环境是企业无法直接控制的因素，其是通过影响微观环境来影响企业营销能力和效率的一系列巨大的社会力量。宏观市场环境包括人口、经济、政治法律、科学技术、社会文化及自然生态等因素。由于这些环境因素对企业的营销活动起着间接的影响，所以又称间接营销环境。微观市场营销环境和宏观市场营销环境之间不是并列关系，而是主从关系。微观市场营销环境受制于宏观市场营销环境，微观市场营销环境中的所有因素均受到宏观市场营销环境中的各种力量和因素的影响。

微观市场营销环境是指与企业紧密相连、直接影响企业营销能力和效率的各种力量和因素的总和，其主要包括企业自身、供应商、营销中介、消费者、竞争者及社会公众等。由于这些环境因素对企业的营销活动有着直接的影响，所以又称直接营销环境。

2. 市场营销环境的特征

市场营销环境是一个多因素、多层次且不断变化的综合体。企业市场营销环境具有以下几个特点。

1）客观性

企业总是在特定的社会、市场环境中生存、发展的。这种环境并不以营销者的意志为转移，具有强制性与不可控制性的特点。也就是说，企业营销管理者虽然能认识、利用营销环境，但无法摆脱环境的制约，也无法控制营销环境，特别是间接的社会力量更是难以把握。营销管理者的任务在于适当安排营销组合，使之与客观存在的外部环境相适应。

2）关联性

构成营销环境的各种因素和力量是相互联系、相互依赖的，如经济因素不能脱离政治因素而单独存在；同样，政治因素也要通过经济因素来体现。

3）层次性

从空间上看，营销环境因素是个多层次的集合。第一层次是企业所在的地区环境，例如当地的市场条件和地理位置。第二层次是整个国家的政策法规、社会经济因素，包括国情特点、全国性市场条件等。第三层次是国际环境因素。这几个层次的外界环境因素与企业发生联系的紧密程度是不同的。

4）差异性

造成营销环境差异的主要原因是企业所处的地理环境、生产经营的性质、政府管理制度等方面存在差异。不同企业受不同环境的影响，同样一种环境对不同企业的影响也不尽相同。不同的国家或地域，人口、经济、政治、文化存在很大的差异性，企业营销活动在面对这种环境的差异时，必然制定不同的营销策略；同样一种环境因素，对不同企业的影响也是不同的，如中东地区局势动荡，造成国际石油市场的极大波动，对石化行业的企业影响十分大，而对那些与石油关系不大的企业的影响则很小。

5）动态性

外界环境随着时间的推移经常处于变化之中。例如，外界环境利益主体的行为变化和人均收入的提高均会引起购买行为的变化，影响企业营销活动的内容；外部环境各种因素结合方式的不同也会影响和制约企业营销活动的内容和形式。

6）不可控性

影响市场营销环境的因素是多方面的，也是复杂的，并表现出不可控性，例如，一个国家的政治法律制度、人口增长及一些社会文化习俗等，企业不可能随意改变这类环境因素。

2.2.2　市场营销环境对企业营销的影响

1. 市场营销环境对企业营销带来双重影响

1）环境给企业营销带来的威胁

营销环境中会出现许多不利于企业营销活动的因素。如果企业不采取相应的规避风险的措施，这些因素会制约企业营销工作的开展。为保证企业营销活动的正常运行，企业应注重对环境进行分析，及时预见环境威胁，将危机减少到最低程度。

2）环境给企业营销带来的机会

营销环境也会滋生出对企业具有吸引力的领域，带来营销的机会。对企业来讲，环境机会是开拓经营新局面的重要基础。企业应加强对环境的分析，当环境机会出现的时候要善于捕捉和把握，以求得企业的发展。

2. 市场营销环境是企业营销活动的资源基础

市场营销环境是企业营销活动的资源基础。企业营销活动所需的各种资源，如资金、信息、人才等都是由环境来提供的。企业生产经营的产品或服务需要哪些资源、多少资源、从哪里获取资源，必须分析、研究营销环境因素，以获取最优的营销资源以满足企业经营的需要，实现营销目标。

3. 市场营销环境是企业制定营销策略的依据

企业营销活动受制于客观环境因素，必须与所处的营销环境相适应，但企业在环境面前绝不是无能为力、束手无策的，其应发挥主观能动性，制定有效的营销策略去影响环境，以在市场竞争中处于主动，占领更大的市场。

2.2.3 铁路运输市场营销微观环境分析

微观市场营销环境是指与企业紧密相连、直接影响企业营销能力和效率的各种力量和因素的总和，主要包括企业自身、顾客、竞争者、营销中介、供应商和社会公众等。这些因素与企业有着双向的运作关系，在一定程度上，企业可以对其进行控制或施加影响。

与其他企业一样，高速铁路运输市场营销的微观环境，同样包括企业自身、顾客、竞争者、营销中介、供应商和社会公众等因素。企业市场营销的目标主要是在企业盈利的前提下为目标市场的顾客提供服务，满足市场上的特定需求。要实现这个任务，企业必须把自己与供应商和营销中介联系起来，以接近和服务目标顾客。供应商—企业自身—营销中介—顾客，形成了企业的基本营销系统。此外，企业营销目标的实现，还要受竞争者和社会公众这两个因素的影响。

1. 高速铁路运输企业自身

企业自身包括市场营销管理部门、其他职能部门和最高管理层。企业为开展营销活动，必须依赖各部门的配合和支持，即必须进行制造、采购、研究与开发、财务、市场营销等业务活动。企业自身的状况是影响企业营销活动最直接的因素，它处于企业营销环境的中心。分析高速铁路运输企业自身状况的目的是揭示企业内部的优劣势，判别其是否拥有捕捉营销机会的竞争能力。高速铁路运输企业自身条件主要包括运营基础设施、高速铁路运输企业内部经营管理水平等。

1）运营基础设施

良好的基础设施是保证高速铁路运输企业运营的重要条件，也是影响高速铁路运输企业营销效率及效益的重要因素。

高速铁路基础设施主要包括高速铁路路网布局、营业里程、车站规模与设备量等。根据我国高速铁路运输现状，要健全安全保障系统，机车、车辆、线路、通信信号等技术基础设施要配套发展，才能充分发挥高速铁路运输长距离、大运量运营的优势。

2）高速铁路运输企业内部经营管理水平

高速铁路运输企业内部经营管理水平包括铁路运输企业内部管理体制、营销机制等因素的状态。高速铁路运输企业内部各个部门、各个管理层次之间的分工是否科学，协作是否严密、协调，营销管理部门能否与运输、计划、财务、物资供应等业务部门密切配合，都直接影响着企业营销活动的顺利进行。特别对于高速铁路运输企业这样一个靠"车""机""工""电""辆"等众多部门共同劳动才能生产出整体产品的特殊企业，进行企业自身的状况和内部经营管理的全面、正确、整体的分析，对做好高速铁路运输市场营销是极为重要的。

2. 顾客

高速铁路运输企业的顾客即服务的对象是旅客，高速铁路运输市场营销活动必然是围绕着旅客开展的。旅客根据其需求的不同，可以分为不同类型、不同层次的消费群体，同时旅客的需求也是不断变化的，这要求高速铁路运输企业针对不同的消费群体，以不同的营销方式提供不同的运输服务产品。

3. 竞争者

竞争是市场营销的必然产物，有市场就必然存在竞争，在市场营销环境分析中不能缺少对竞争者的分析。企业应充分了解目前市场上谁是自己的竞争者，竞争者的策略是什么，本企业与竞争者的优劣对比等。

运输市场竞争的形式主要表现为：不同运输方式之间的竞争，即铁路、公路、航空、水路等之间的竞争；客运市场的竞争；货运市场的竞争；运输价格的竞争；运输服务的竞争；运输速度的竞争。竞争不仅限于产品竞争与价格竞争，服务竞争已越来越受到运输企业的关注。企业要充分发挥自己的优势，才能在市场竞争中占据主动，以实现本企业的营销目标。

要实现本运输企业的营销目标，必须全面分析如下竞争因素。

（1）存在哪些运输细分市场？

（2）本企业的真正竞争对手是谁？它有哪些优势和劣势？

（3）竞争对手提供的运输产品有什么特色？

（4）竞争对手采取了哪些非价格竞争策略？

（5）竞争对手在扩大运输量和利润方面的战术是什么？

（6）竞争对手采取何种促销策略？

（7）竞争对手吸引客流、组织货源的策略有哪些新的变化？

4. 营销中介

营销中介是指为企业融通资金、销售产品给最终购买者提供各种有利条件的营销服务机构，包括中间商、实体分配公司、营销服务机构等。具体到高速铁路运输企业，主要指协助高速铁路运输企业促销或分销运输产品给最终消费者的机构或个人，包括运输代理公司、营销服务机构等。营销中介在为高速铁路运输企业提供客流，拓宽销售渠道，分销产品，提供市场调研、咨询，以及运输产品广告宣传等方面，具有不可替代的作用。高速铁路运输企业只有在市场营销活动中积极发展与各类营销中介的有效协作关系，才能巩固和发展高速铁路在运输市场中的优势地位。

5. 供应商

供应商是指向企业及其竞争者提供生产经营所需资源的企业或个人。供应商所提供的资源主要包括原材料、零部件、设备、能源、劳务、资金及其他用品等。具体到高速铁路运输企业，供应商是指向高速铁路运输企业提供生产产品所需原材料、设备、燃料等资源的企业或个人。供应商所提供的各种资源的数量、质量和价格，直接影响企业运输成本，进而影响运输产品的质量、价格、销售量和利润。如何在瞬息万变的市场竞争中与供应商建立密切、稳定、有效的协作关系，对高速铁路运输企业营销目标的实现有重大的影响。

6. 社会公众

公众是指对企业实现营销目标的能力有现实或潜在利害关系和影响力的团体或个人。一般企业所面临的公众主要有以下几种。

1）融资公众

融资公众是指影响企业融资能力的金融机构，如银行、投资公司、证券经纪公司、保险公司等。

2）媒介公众

媒介公众是指报纸、杂志社、广播电台、电视台、网站等大众传播媒介，它们对企业的形象及声誉的建立具有举足轻重的作用。

3）政府公众

政府公众是指负责管理企业营销活动的有关政府机构。企业在制定市场营销计划时，应充分考虑政府的政策，研究政府颁布的有关法规和条例。

4）社团公众

社团公众是指保护消费者权益的组织、环保组织及其他群众团体等。企业营销活动关系到社会各方面的切身利益，必须密切注意并及时处理来自社团公众的批评和意见。

5）社区公众

社区公众是指企业所在地附近的居民和社区组织。

6）一般公众

一般公众是指上述各种公众之外的社会公众。一般公众虽然不会有组织地对企业采取行动，但企业形象会影响他们对企业的态度。

7）内部公众

内部公众是指企业内部的公众，包括企业的领导、各层次管理人员及普通职工。

高速铁路运输市场营销活动总是影响着上述各种公众的利益，因此，高速铁路运输市场营销必然受到公众的关注、监督、制约，公众必然以各种方式来直接或间接地影响企业营销活动。高速铁路运输企业在开展市场营销活动时，必须处理好与企业内、外部公众的关系，在公众中树立良好的信誉和形象。

2.2.4 高速铁路运输市场营销宏观环境分析

宏观环境是高速铁路运输企业从事营销活动不可控制的因素，主要包括人口环境、政治法律环境、经济环境、自然环境、科学技术环境和社会文化环境等。

1. 人口环境

人口是构成市场的首要因素。人口的多少直接决定着市场的潜在容量，人口越多，市场规模就越大。人口的规模、年龄结构、地理分布、婚姻状况、出生率、死亡率、人口密度、人口流动性及其文化教育程度等人口特性会对市场格局产生深刻影响，并直接影响着企业的市场营销活动。人口越多，现实的和潜在的购买者就越多，市场的规模就越大。高速铁路运输市场营销活动的最终对象是高速铁路运输服务产品的消费者，人口环境必然给高速铁路运输市场带来整体性和长远性的影响。对于高速铁路运输市场营销活动有意义的人口环境因素主要是人口规模、人口构成、人口分布、人口增减变化和人口流动等。

1）人口规模

人口规模对运输市场的影响巨大。人口越多，市场对运输产品的需求量也越大。高速铁路运输企业开展营销活动，首先要了解企业运输产品吸引区域内人口的总量，以确定企业开展营销活动的市场潜力和规模，才能有效实施基础设施建设、合理安排运输生产计划等。

2）人口构成

人口构成指人口的自然构成和社会构成。人口的自然构成包括：性别结构、年龄结构。人口的社会构成包括职业构成、民族构成、教育程度等。人口构成情况各不相同的运输产品消费者，由于在收入、生活方式、价值观念、风俗习惯、社会活动等方面存在差异，必然会产生不同层次的运输需求和消费行为，形成不同的运输消费群体。

3）人口分布

人口分布与高速铁路运输企业的营销决策有着非常密切的联系。首先，人口密度的不同，人口流动量的多少，影响着不同地区运输需求量的大小；其次，人们的消费需要、购买习惯和行为，在不同地区也会存在差异，这主要反映在需求的构成上。从我国的人口分布来看，其特点为：沿海多、内地少，长江中下游、华北平原、成都平原一带人口密集，西北地区人口稀少。人口聚集是主要的市场所在地的标志。我国高速铁路运输网线的布局及发展应与人口分布相适应，这是高速铁路运输企业开展营销活动应考虑的因素，反过来，高速铁路运输企业营销活动的开展，也会促进人口密度小，经济不发达的地区发展运输业，方便劳动力和人才向这些地区流动，促使这些地区得到发展。

4）人口增减变化

了解人口环境，既要看到目前的人口数量，又要注意人口的增减变化趋势，以预测市场容量。虽然我国人口绝对数量不断增长，但我国实行了一段时间的计划生育政策，使人口增长速度降低。这种人口政策带来了家庭规模小型化的趋势，给运输企业提供了新的市场机会，而随着"二孩"政策的出台和实施，势必会带来新的变化和影响，同时也给高速铁路运输企业带来了新的挑战和机遇。

5）人口流动

随着物质文化生活水平的提高和生活方式的改变，人们将有更多的收入和空余时间用于探亲访友、休闲度假等活动，因此，地理上的人口流动趋势越来越大，对运输消费的需求也越来越大。我国的人口流动有如下特点：一是人口从农村流向城市务工、经商；二是人口从经济不发达的地区流向经济相对发达的地区；三是人口从城市向郊区迁移。人口在地区间的流动，给不同地区的市场营销环境带来不同的影响，必然为高速铁路运输企业提供新的营销机会。

2. 政治法律环境

政治是经济的集中体现，不同的政治环境会有不同的经济政策，从而影响企业的市场营销活动。党的路线、方针、政策的制定与调整，对企业营销将产生重大的影响，在某些方面可能是鼓励和促进，在某些方面可能是限制和禁止。它既可为企业的营销活动限定范围，又可为企业的营销活动创造良好的机会。

法律环境主要是指与企业的市场营销活动有关的法律、法规、标准、惯例。随着经济的发展，对企业产生影响的相关法令也在不断增加，政府制定的这些法令，有的是为了管理企业，也有的是为了保护社会和消费者利益。企业在营销的过程中，一定要熟知自己所处的法律环境，熟悉有关法律、法规，这样才能用法律手段来保障企业自身权益。

在政治法律环境中，高速铁路运输企业开展营销活动必须对相关法律、法规加以重视。例如，《中华人民共和国消费者权益保护法》《中华人民共和国环境保护法》《中华人民共和国铁路法》及各种有关铁路运输的法规、规程、细则、制度（如《铁路旅客运输规程》《铁路旅客运价规则》《铁路技术管理规程》等）。这些法律、法规既保护了运输市场的公平竞争，也保护了消费者的合法权益。

为保护旅客的合法权益，高速铁路运输企业必须提高服务质量，规范运输收费，促进旅客对高速铁路运输企业的信任，树立高速铁路运输企业的优良形象，为高速铁路运输营销活动创造良好的环境。

3. 经济环境

经济环境是指企业市场营销活动所面临的社会经济条件。它主要包括社会购买力水平、消费者收入状况、消费支出结构和消费者储蓄情况等。

1）社会购买力水平

从营销角度看，运输市场是由那些想购买运输产品并有购买力的人构成的，这种人越多，市场规模就越大。一定时期内社会各方面用于购买产品的货币支付能力称为社会购买力，市场规模归根到底要取决于社会购买力的大小。社会购买力成为高速铁路运输生产的一种主要环境力量，高速铁路运输营销活动必然受到社会购买力发展、变化的影响和制约。

一般来说，社会购买力水平取决于经济发展水平及由经济发展水平决定的国民收入水平。经济发展快，人均收入高，社会购买力就大，也随之给企业带来更多的市场机会；经济发展减缓，收入水平低，市场规模缩小，则会给企业带来负面影响。随着社会经济的向前发展，人们的收入不断增加，社会购买力不断提高，对高速铁路运输服务产品的需求量和需求层次也不断提高。高速铁路运输企业在确定运输产品策略和价格策略时，必须充分考虑社会购买力这个重要的因素。

2）消费者收入状况

消费者收入是指消费者个人从各种来源所得到的货币收入，包括消费者个人的工资、奖金、津贴、福利等收入。消费者收入的水平不仅决定消费者购买力的大小，而且直接影响消费者的支出模式，所以消费者收入状况是直接影响社会购买力、市场规模及消费者支出行为的一个重要因素。

消费者并不是将其全部收入都用来购买货物和劳务的。消费者将一部分可随意支配的个人收入用于旅游、娱乐、休闲等方面。这部分收入越多，为高速铁路运输企业带来的营销机会就越多，因而可随意支配的个人收入是影响高速铁路运输产品需求的最活跃的经济因素。

经济发展在时间上和地区上的差异，会造成个人收入水平上的差异。例如，大城市和东南沿海开放地区个人收入水平相对较高，对运输服务的需求量大，需求结构更多样，需求层次较高，购买力也较强，显然，这对于高速铁路运输企业有针对性地开展营销活动有重要的意义。

3）消费支出结构

消费支出结构指消费者各种消费支出占收入的比例，例如衣、食、住、行等各种支出占收入的比例，这对高速铁路运输企业的营销活动有着重要的影响。

在分析消费结构时，人们习惯上把食品支出占家庭收入的比例称为恩格尔系数。

恩格尔系数常常作为衡量家庭、地区乃至国家富裕程度的重要标志。恩格尔系数越小，表明富裕程度越高。从总体上来看，我国的恩格尔系数持续下降。说明人们用于住房、交通等方面的支出有所增加。个人交通运输支出比例的增加，如乘坐豪华大巴、高速铁路列车等，会带来客运收入的增加，这对高速铁路运输企业的客运营销有很大影响。此外，消费者支出结构除主要受消费者收入的影响外，还会受到家庭生命周期、家庭所在地点两个因素的影响。

（1）家庭生命周期。家庭生命周期处于不同的阶段，其购买力投向往往有很大的区别。例如，没有孩子的年轻夫妇、孩子独立生活的家庭有可能把更多的收入用于旅游、休闲等。

（2）家庭所在地点。家庭所在地点不同，对运输产品的支出也会不同。例如，农村居民和城市居民在对高速铁路运输产品的需求上有很大的差异，前者用在高速铁路运输产品消费方面的支出较少，后者用在高速铁路运输产品消费方面的支出较多。

4）消费者储蓄情况

消费者的收入通常分为两部分：一部分进行支付，形成现实的购买力；另一部分暂时不支出而作为储蓄。储蓄虽然来源于消费者的货币收入，但其最终还是为了消费。在一定时期内货币收入水平不变的情况下，如果储蓄增加，购买力和消费支出便减少；如果储蓄减少，购买力和消费支出便增加。这对高速铁路运输企业的营销活动会产生一定的影响。储蓄的增加与减少又受国家宏观政策、利率变化、物价水平等多种因素影响，例如，国家调低利率，可以刺激人们的消费，人们可能会从储蓄存款中拿出一部分，用于旅游、休闲、娱乐等，这给高速铁路运输企业提供了新的营销机会。

4. 自然环境

自然环境是指能够影响人类社会生产过程的自然因素，包括自然资源、自然地理位置、生态环境等。企业经营的产品种类、数量、成本及价格等，不可避免地要受到其所需资源的储藏量、开采量和供应量的影响。特别是如果没有这种资源的代用品时，更是如此；只要企业的经营依赖稀缺的物质资源，它的活动就要受到自然环境的限制。自然环境的发展和变化同时会给企业的营销活动带来影响。

1）自然资源消耗带来的问题

地球上可供人类利用的资源可分为三大类：一是"取之不尽，用之不竭"的无限可再生资源，如阳光、空气等；二是有限但可再生的资源，如森林、粮食等；三是有限且不能再生的资源，如石油、煤等各种矿产品。目前面临的问题是某些自然资源已逐步短缺甚至趋于枯竭。面对这种环境威胁，企业必须积极从事研究和开发，尽量寻求新的资源或代用品，以寻求新的营销机会。

2）自然地理位置对企业市场营销的影响

自然地理位置的不同，对企业市场营销的影响也很明显。如我国的南方和北方，平原、丘陵和山区，由于它们的气候、地势不同，所出产的资源也不同，致使不同地区人们的生活习惯、对商品的需求，包括对交通运输服务的需求，都会有很大的不同。另外，由于企业地理位置条件的不同，商品流通速度、流通费用和经济效益等也会受到一定影响，这必然给不同地区的高速铁路运输企业带来不同的营销问题。

3）环境污染问题日益严重

现代工业的发展，对自然环境造成了极大的破坏。例如，水源、空气、土壤的污染等，环境污染已经成为当代社会的一个重大问题。

在我国，铁路运输业造成的环境污染问题已引起政府和公众的重视，国家也加强了对铁路运输所造成的环境污染的整治。对高速铁路运输营销者来说，必须从社会的长远利益出发，增强保护生态环境的意识，增强社会营销观念，严格守法；开展营销活动时，要充分考虑对自然环境的保护；加强运输安全管理，防止有毒、易腐等物资污染铁路周边环境等。

5. 科学技术环境

科学技术对人类生活有着巨大的影响。新技术的发明，会给人类带来新的产品、市场和投资机会。

（1）技术变革加速。许多今天司空见惯的产品在多年前还未存在，如个人计算机、手机等。未来，新技术的发明、开发和传播的速度会越来越快。

（2）创新机会无穷无尽。新技术的迅速发展，给企业带来了无限的创新机会。企业营销人员应懂得运用营销技巧，将新技术产品导入市场，诱导顾客消费。

（3）技术革新的法规增多。随着产品的日益复杂，为了保证安全性，政府部门对新产品的检查和管理日益加强，因此，企业在发展和推出新产品时，必须充分注意各种法规，以免造成不必要的损失。

目前，高速铁路运输企业开展营销活动时，应特别注意以下几种科学技术环境的变化对营销活动的影响。

（1）各种运输方式在科学技术方面的进步促使运输市场竞争越发激烈。由于技术进步，公路、航空等各种运输方式迅速发展，与铁路展开了激烈的竞争。例如，近几年来，公路运输线路等级越来越高，运载工具越来越豪华，航空业发展也越来越快，机票联网售票越来越发达，使得运输市场的竞争越来越激烈。

（2）科学技术进步给高速铁路运输营销提供了创新的机会。高速铁路运输企业开展营销活动时，应根据科学技术发展水平，合理运用营销技巧，在顾客购买力允许的范围内，将高速铁路运输新产品、新服务投入目标市场，创造出更多的价值。

（3）计算机网络技术对高速铁路运输产生一定的影响。计算机网络技术的广泛应用，一方面，大大推进了高速铁路运输的技术进步；另一方面，促使人们的生活和工作的观念、方式发生了很大的变化，地球变得越来越小，人们的空间概念也越来越淡化。

6. 社会文化环境

社会文化环境是指一个国家、地区或民族的文化氛围，是由社会中每个人的观点、态度、习惯和行为模式组成的。这种环境难以用数字来表示，而且其变化也很难受指令的控制。理解和洞察文化各因素的变化，是一种不易掌握的技巧，而恰恰是这种技巧，往往对成功的经营者来说具有决定性的作用。

探讨影响购买行为的社会因素，必须了解文化。文化时刻影响着人们的生活，不仅影响着人们当前的行为，而且影响着整个历史的发展。

文化环境所蕴含的因素主要有社会阶层、家庭结构、风俗习惯、宗教信仰、价值观念、消费习俗、审美观念等。

从市场营销学的角度看，销售反映了人们的需求，而人们的需求又是社会和文化的反映。企业的经营活动是在社会中展开的，与社会有着密切的联系，各种社会文化因素的变动都可能对经营战略的制订与实施产生重大的影响。密切关注、分析和把握不同的社会文化环境之间的差异性、同一环境内各因素的差异性及它们的变动趋势对企业经营活动具有十分重要的意义。

对于高速铁路运输营销人员来说，不能忽视对社会文化环境的分析，这点对开辟新的目标市场尤为重要。文化环境不像其他环境那样显而易见和易于理解，却又时刻影响消费者的消费行为和企业的营销活动。对文化环境分析一般应从教育状况、价值观念、风俗习惯、亚文化群等方面进行。高速铁路运输企业进行营销活动时，在营销宣传方面要考虑消费者的受教育状况，根据不同文化层次的消费者接受媒体的习惯，利用适当的媒体传播高速铁路运输产品信息，例如对文化层次较低的消费者，以电视等较为生动的表现形式为宜；根据不同地区的风俗习惯，有针对性地开行节假日列车等；根据不同文化层次、不同价值观念的消费者的兴趣和爱好，提供不同的运输服务，满足他们不同的消费需求。这些都是高速铁路运输企业发掘新的利益增长点的重要渠道。

任务小结

　　任何企业的市场营销活动，都是在一定的市场营销环境中进行的，因此，企业的市场营销活动不可避免地受到环境因素的影响和制约。高速铁路运输从业人员需要不断对高速铁路运输市场营销环境进行深入分析，从旅客的需求出发，促进高速铁路运输业的健康、可持续发展。

思考与练习

　　1. 简述市场营销环境的特征。
　　2. 高速铁路运输市场营销宏观环境分析的主要内容有哪些？
　　3. 高速铁路运输市场营销微观环境包括哪些因素？

任务 2.3　　高速铁路运输市场消费者行为分析

工作任务

　　了解影响旅客运输需求的因素、影响货物运输需求的因素。

任务解析

　　从实际出发对影响旅客运输需求的因素进行认知。

相关知识

　　运输市场消费者的购买动机、运输市场消费者购买决策过程。

2.3.1 运输市场消费者需求分析

2.3.1.1 运输市场需求概述

任何经济活动，必然要受人的需求和欲望的支配。对生产资料的需求，来自人们投资和扩大再生产的需求和欲望；对生活资料的需求，来自人们日常消费及满足生活需要的需求和欲望。没有人的欲望，就没有生产、没有交换、没有消费，社会再生产过程就失去了动力。

1. 市场需求的概念

市场需求是指一定的顾客在一定的地区、一定的时间、一定的市场营销环境和一定的市场营销计划下对某种商品或服务愿意而且能够购买的数量。市场需求是消费者需求的总和。

影响需求的主要因素有以下几种。

1）消费者偏好

在市场上，即使收入相同的消费者，由于每个人的性格和爱好不同，对商品与服务的需求也不同。消费者的偏好支配着他在使用价值相同或相近的商品之间的消费选择，但是，人们的消费偏好不是固定不变的，而是在一系列因素的作用下慢慢变化的。

2）消费者收入

消费者收入的增减是影响需求的重要因素。一般来说，消费者收入增加，将引起需求增加，反之亦然，但是，对某些产品来说，需求是随着收入的增加而下降的。随着经济的迅速增长，消费者的收入水平将不断提高，在供给不变或供给增长率低于收入增长率的情况下，一方面商品的市场价格会上升，另一方面也将引起商品需求量的增加。

3）产品价格

产品价格是指某种产品的自身价格。价格是影响需求的重要因素。一般来说，价格和需求的变动呈反方向变化。

4）替代品价格

所谓替代品，是指使用价值相近、可以相互替代来满足人们某种需要的商品，如煤气和电力，石油和煤炭，公共交通和私人小汽车，等等。一般来说，在相互替代商品之间，某一种商品价格提高，消费者就会把需求转向可以替代的商品上，从而使替代品的需求增加，被替代品的需求减少，反之亦然。

5）互补品价格

所谓互补品，是指在使用价值上必须相互补充才能满足人们的某种需要的商品，如汽车和汽油，家用电器和电等。在互补商品之间，其中一种商品价格上升，需求量降低，会引起另一种商品的需求随之降低。

6）预期

预期是人们对某一经济活动未来的预测和判断。如果消费者预测某种商品价格要上涨，就会提前购买；如果预测其价格将下跌，就会推迟购买。

7）其他因素

其他因素如商品的质量、宣传手段、产地，社会潮流、国家政策等。

2. 运输市场消费者需求的特点

运输市场需求的种类繁多。货运需求和客运需求是显而易见的两类。在货运需求中，不同的货物对应着不同的运输需求，如普通货物运输需求、特种货物运输需求。在特种货物中，因存在宽大货物、易腐货物、危险货物等，也有不同的货运需求。所有货物也因有固体、液体和气体之分而形成不同的货运需求。在客运需求中，由于旅客的出行目的、年龄、收入水平、职业等不同而形成不同的运输需求，如旅游运输需求、学生运输需求、农民工运输需求、通勤运输需求等。因运输距离不同，可形成长途、中途和短途运输需求。旅客和货主对送达时间的要求不同会形成快速运输需求和普通运输需求等。

人们对某种商品产生消费需求是发生购买行为的前提条件。对高速铁路运输产品的消费者而言，其消费需求表现为旅客对高速铁路运输服务有支付能力的需要和欲望。旅客乘坐运输工具，是为了通过乘坐运输工具实现其空间位移，最终满足其工作、旅游、学习、探亲、访友等需求。货主购买运输产品，是为了生产经营或生活需要。高速铁路运输企业向人们提供的是人的位移服务，这是一种服务性的无形产品，因此，消费者购买和消费高速铁路运输产品的过程，也正是他们享用高速铁路运输服务的过程。这就意味着高速铁路运输企业在实现旅客位移这一核心服务的同时，必须对提供相应的辅助服务加以重视，以满足消费者日益提高的对高速铁路运输服务的需求。

2.3.1.2　影响旅客运输需求的因素

影响旅客运输需求的因素主要包括以下方面。

1. 经济发展水平

旅客运输需求中的很大一部分属于生产和工作性需求，如业务洽谈、技术交流、参观学习、参加各种会议等所产生的出行需求。一方面，经济发展水平高的国家、地区，客运需求水平高；相反，经济发展较落后的国家、地区，客运需求水平较低。另一方面，经济高速发展的时期，客运需求的增加较快，大量的人员因生产或工作需要而频繁外出；相反，一旦经济处于较低发展的时期，人们出行的数量和频率会相应降低。此外，经济发展水平还通过影响人们的收入水平和消费水平而影响客运需求。经济发展水平是影响客运需求的一个重要因素。

2. 个人收入水平

在旅客运输需求中，除生产性和工作性客运需求外，还有很大一部分属于生活性客运需求，如探亲、访友、休闲、旅游等所产生的旅客运输需求。这些需求虽然会随着人们收入的提高而增加，但最终还要受到个人收入水平的制约。需求要和支付能力相统一，人们通常会先将有限的收入放在支付衣、食、住、行、用等基本需求上，然后才会满足高层次的需求，因此，当个人收入水平提高时，不仅需求量增加，而且需求层次也相应会提高；不但一般性的出行需求会增加，而且旅游及其他社会交往方面的出行需求也会增加。

3. 人口分布及结构

一方面，人口分布情况必然会影响到客运需求。人口密集的国家或地区，客运需求较多；人口稀疏的国家或地区，客运需求相对较少；人口数量增加时，客运需求也会相应增加。另一方面，人口结构对客运需求会产生影响，如城市人口因大部分从事各种工业、商业、贸易和服务业等工作，出行的频率要比单一从事农业生产的农村人口有更多的客运需求。同样，高收入的人口要比低收入的人口有更多的客运需求，中青年人口要比老年和少年等非就业人口有更多的客运需求。由此可见，分析人口分布及结构情况，对分析客运需求极为重要。

4. 运价水平

运价水平的高低也是影响旅客运输需求的重要因素之一。对旅客来说，运价水平高低直接影响他们的生活开支。如果这方面的支出过大，必然会影响他们在其他生活需求方面的满足。运价提高，旅客运输需求会相应减少；相反，运价降低，旅客运输需求将会有一定程度的提高。另外，运价水平对运输企业的市场占有率来说，影响较大。如果某些运输企业提高运价，消费者就有可能选择未提价的运输企业。

5. 运输服务质量

旅客运输服务质量的最基本要求就是安全。在各种运输方式中，铁路运输的安全性比较突出，这也是它能够长期吸引众多旅客的原因之一。在经济飞速发展的今天，除了安全，迅速、准时、舒适成为人们对运输方式的新要求。运输的时间效用和舒适程度成了人们选择不同运输方式的重要指标。正是为了适应运输市场需求的这一变化，修建高速铁路、高速公路才成为我国交通运输发展的重中之重。

6. 旅游业的发展

随着人民生活水平的提高，旅游需求在整个生活需求中的比重将会越来越高。旅游运输需求比普通客运需求更具潜力。在分析一国或是一个地区的客运需求的发展变化时，也要重视对本地旅游业发展的考虑，其中不仅要考虑本地旅游资源的数量，而且要考虑旅游资源的等级，以判别其对国内外游客吸引力的大小和对客运需求所产生的影响。

7. 体制和经济政策的影响

在计划经济体制下，由于财务制度松弛，企业不重视成本核算，事业单位缺乏严格的财务预算，因而形成了变相的"公款旅游"等现象。虽然其属于不合理现象，但单纯从其对旅客运输需求的影响来看，却是突出的。随着经济体制改革的深入，企业越来越重视自身的经济利益，进而通过严格的成本控制等措施抑制了不合理的运输需求。事业单位财务支出制度的改革，也制约了不合理运输需求的产生。国家经济政策对旅客运输需求也有重要的影响。改革开放以来，相关政策鼓励农村剩余劳动力流向城市务工、经商，由此形成了"务工流""返乡流"等，这对旅客运输需求产生了深远的影响。

8. 运输方式的替代性

旅客运输需求也存在各种运输方式之间、运输企业之间的替代性。如果从某一运输方式或某一运输企业的角度分析运输需求，就必须分析其他运输方式、其他运输企业对本运输方式、本运输企业的替代程度的大小。如果铁路运输布局合理，运力充足，技术性能先进，运输服务质量优良，运输竞争能力强，就会逐渐取代其他运输方式，满足更多的客运需求。反之，假如铁路运输业发展滞后，就会缺乏市场竞争力，从而失去大量客运需求，有被其他运输方式取代的风险。

2.3.2 运输市场消费者购买动机分析

需求虽然决定着消费者的购买活动，但具体通过购买什么产品来满足需求却由动机决定。动机是产生购买行为的直接和内在原因。由于消费者受教育程度、职业、收入等方面的不同，其购买产品的动机也有许多类型，运输企业应根据不同的购买动机，采取相应的营销对策，以提高运输企业的市场占有率。消费者的购买动机主要包括以下类型。

1. 求实购买动机

在求实购买动机下，消费者非常注重产品的实际使用价值。旅客要求所购运输产品安全、准点、方便，讲求运输产品的内在质量和地点效用。

2. 求新购买动机

持求新购买动机的消费者对产品价格并不在意，他们喜欢新开发的运输产品。一般来说，年轻人思想活跃，喜欢标新立异，往往有很强的求新购买动机。

3. 求廉购买动机

持求廉购买动机的消费者以追求廉价产品为主要特征。此类消费者对运输产品的价格（差异、升降）反应敏感，对于低价产品存在偏好。浮动运价等营销手段对他们有很大的诱惑力。

4. 求名购买动机

持求名购买动机的消费者注重运输产品品牌及其在社会上的声誉，希望以此来表现自己的经济实力和社会地位，以满足自豪感和优越感。

5. 求美购买动机

持求美购买动机的消费者对商品的外观、造型等外在特征比较敏感，可能仅由于"爱美之心"而产生消费偏好。

6. 习惯购买动机

持习惯购买动机的消费者有稳定的消费习惯和偏好，消费时目标明确，常常重复过去的消费行为。

7. 从众购买动机

从众购买动机是以追求与周围环境协调为主要目的的购买动机。这类消费者具有随大流的消费心理，坚持与大众趋同的消费行为而不使自己太显眼。总的来说，从众购买动机趋于保守，在购买运输产品时易受习惯支配。

8. 好奇购买动机

好奇购买动机是一种追求产品与众不同的心理动机，也是一种急于了解未知事物的心理特征。此类消费者对于别具一格、与众不同的产品特别感兴趣，对此类产品有强烈的消费愿望，易受新颖产品和促销方式的诱惑，触发冲动性的购买行为。

2.3.3　运输市场消费者购买行为分析

当消费者有了对某种商品或者服务的消费需求后，面对众多选择，他们是如何决策和实施购买行为的呢？例如，旅客需要从北方到南方去旅行，面对铁路、公路、航空及水运，他们是如何决定乘坐哪种交通工具的呢？又如，货主要将一批货物由内地运到沿海港口，他们是如何决定使用何种运输工具运输货物的呢？在对消费者需求心理进行分析之后，有必要进一步分析他们的购买行为。

2.3..3.1　影响消费者购买行为的因素

在消费者市场，消费者是一个独立的自由体，其购买行为属个人行为，由消费者个人决策。然而，消费者的购买行为并不是简单的个人行为，是受各种因素影响的。

影响消费者购买行为的因素有很多，主要的因素有个人因素、社会因素、文化因素和心理因素，它们影响消费者购买行为的角度各不相同。

1. 个人因素

个人因素是对消费者购买决策起最直接影响的因素,消费者购买决策受其个人特性的影响,特别是受其年龄、职业、经济状况、生活方式、个性及自我观念的影响。

（1）不同年龄的消费者,需要与欲望有很大的不同,即使需要与欲望类型相同,其需求量也有很大的差别。

（2）职业。职业对消费的影响是显而易见的。蓝领工人与公司经理的消费是有很大差异的。营销人员应设法找出那些对其产品有非同一般需求兴趣的职业群体。为了某一特定的职业群体的需要,企业甚至可以特别地为他们设计产品。

（3）经济状况。经济状况包括收入、储蓄、资产、债务、借贷能力及对待消费与储蓄的态度等。消费者的经济状况既与个人能力有关,也与整个经济形势有关,收入高的消费者与收入低的消费者的消费习惯各不相同。

（4）生活方式。生活方式是人们在行为、兴趣和思想见解上表现出的生活模式。根据研究目的的不同,生活方式可以从不同的角度进行划分。一些社会学和心理学方面的研究成果可以作为市场营销人员的借鉴,但市场营销人员若能从本企业营销目标的特点和营销策略的意向性出发,有针对性地进行生活方式的划分,将对市场营销活动有更大的帮助。

2. 社会因素

消费者购买行为也受到诸如参照群体、家庭、社会角色与地位等一系列社会因素的影响。

1）参照群体

参照群体是指那些直接或间接影响人的看法和行为的群体。参照群体分为直接参照群体和间接参照群体。直接参照群体是某人所属的群体或与其有直接关系的群体,直接参照群体又分为首要群体和次要群体。首要群体是指与某人直接、经常接触的一群人,一般都是非正式群体,如家庭成员、亲戚朋友、同事、邻居等。次要群体是指对其成员影响并不直接,但一般较为正式的群体,如宗教组织、职业协会等。间接参照群体是指对某人而言的非成员群体,即此人不属于群体的成员,但又受此群体的影响。

2）家庭

家庭是消费者最主要的参照群体。一个人一般要经历两个家庭,一个是父母的家庭,另一个是自己的家庭。受父母家庭的影响是间接的,受自己家庭的影响是直接的。

3）社会角色与地位

每个人都担当着不同的社会角色,并有其相应的地位。角色及其相应的地位都不同程度地影响个人的购买行为。

3. 文化因素

文化因素对消费者行为的影响最难以识别,但其影响又是广泛、深远的。文化是人类欲望和行为最基本的决定因素,低级动物的行为主要受其本能的控制,而人类行为大部分是通过学习而获得的,在社会中成长的儿童通过其家庭和其他机构学到了一系列基本的价值、知觉、偏好和行为的整体观念。社会阶层是重要的文化因素之一,社会阶层是指社会中按等级排列的具有相对同质性和持久性的群体,每一阶层的成员具有类似的价值观、兴趣爱好和行为方式。

社会阶层有以下特点:一是相同社会阶层中的人的行为要比两个不同社会阶层中的人的行为更为相近;二是人们以所处的社会阶层来判断一个人的地位;三是某人所处的社会阶层

是由职业、收入、财产、教育和价值取向等多种变量而不是由其中的一种变量决定的；四是个人可以改变自己所处的社会阶层，这种改变的幅度随社会阶层森严程度的不同而各异。正因为社会阶层具有这样的特点，因此，市场营销者可以通过对社会阶层的识别来进行市场细分，从中选择目标市场并进行恰当的市场营销策略安排。

4. 心理因素

心理因素是指动机、知觉、学习、信念与态度等，它们对消费者购买行为都有较大影响。

1）动机

动机是引起人们为满足某种需要而采取行动的驱动力量。动机产生于未被满足的某种需求，需求未被满足时，心理上会产生一种紧张感，驱使人们采取某种行动以消除这种紧张感。行为科学认为，最缺乏的需求常常是行为的主要动机，因此，关于消费者动机的研究主要集中在对需求的研究上。

马斯洛认为：人的需求是以层次的形式出现的，按其重要程度的大小，由低级需求逐级向上发展到高级需求，其顺序依次为生理需求、安全需求、社会需求、自尊需求和自我实现需求。一个人会首先使自己当前最重要的需求得到满足，一旦成功地实现了这一愿望，这一最迫切的需求就不再是一个激励因素了，这个人就会寻求下一个最重要的需求的满足。

2）知觉

视、听、嗅、味、触五种感官对刺激物的反应就是感觉。随着感觉的深入，将感觉到的材料通过大脑进行分析和综合，从而得到知觉。

知觉不仅是对事物的感知，还包括赋予事物一定的意义。人们往往用自己的知识、经验和需要来理解事物，因此，这种知觉可能是正确的也可能是错误的。例如：将产品的价格定为 9.98 元，而不是 10 元，就是利用知觉效应的一种定价技巧。人们一旦形成对某一事物的知觉，之后就会继续以这种知觉去认识这一事物。这种特点对建立顾客忠诚非常重要，一旦顾客对某种产品产生好印象，他就会有继续购买这种产品的倾向。反之，第一印象不好，以后再使他对某种产品建立好印象就难上加难了。

3）学习

学习是指由于经验而引起的个人行为的改变。一个人的学习是通过驱使力、刺激物、诱因、反应和强化的相互影响而产生的。第一次消费某商品如果觉得好，下次就还会消费，反之，下次就不会消费了。正强化或负强化激励人们重复某种行为或避免某种行为。由于市场营销环境不断变化，新产品、新品牌不断涌现，消费者一般在经过多方收集有关信息之后，才能做出购买决策，这本身就是一个学习的过程。

4）信念与态度

信念与态度是与价值观紧密相关的概念。信念是指一个人对某些事物所持有的描述性思想。态度是指一个人对某些事物或观念长期持有的"好"与"坏"的认识上的评价、情感上的感受和行动倾向。态度比信念更复杂、更持久。

要改变消费者对某一品牌的态度有三种方式。一是改变消费者对这一品牌的信念。例如，消费者认为某商品很好，但包装不佳，这时厂家要做的就是继续保证商品质量，同时改进包装、改变消费者对该商品包装方面不好的信念。一般来说，消费者对产品的态度比较容易改变，但对服务的态度则难以改变，因为服务的特性是模糊和难以捉摸的。二是改变所有信念中对态度最重要的信念。例如在经济落后的农村地区，消费者对商品最看重的是价格，只有

51

价格低廉的商品才能受到欢迎。三是增加新的观念，例如某商品的"环保"属性就是在人们对商品的一般信念的基础上又新增的信念。

2.3.3.2　消费者购买行为的类型

消费者在实际购买商品或服务的活动中，大致存在以下几种购买行为类型。

1. 习惯型购买行为

习惯型购买行为指消费者由于对某种商品或服务，以及某企业的信赖、偏爱而产生的经常、反复的购买。由于经常购买和使用，消费者对这些商品或服务十分熟悉，体验较深，再次购买时往往不再花费时间进行比较。

2. 理智型购买行为

理智型购买行为指消费者在每次购买前对所购的商品进行较为仔细的研究和比较，这种消费者的购买行为感情色彩较少，他们头脑冷静，行为慎重，不轻易相信广告、宣传、承诺、促销方式及售货员的介绍，主要考虑的因素为商品或服务的质量。

3. 经济型购买行为

经济型购买行为指消费者购买商品或服务时特别重视价格，对价格特别敏感。无论是购买高档商品，还是中低档商品，首先考虑的都是价格，他们对"大甩卖""清仓""血本销售"等低价促销活动最感兴趣。一般来说，消费者的经济状况不佳时容易产生这种购买行为。

4. 冲动型购买行为

冲动型购买行为指消费者容易受商品的外观、包装、商标或其他促销努力的刺激而产生购买行为。这种消费者的购买行为一般都以直观感觉为主，从个人的兴趣或情绪出发。这种消费者喜欢新奇、新颖、时尚的产品，购买时不愿做反复的选择和比较。

5. 疑虑型购买行为

疑虑型购买行为指消费者具有内倾性的心理特征，购买商品或服务时小心谨慎，疑虑重重。购买行为缓慢，费时多，常常是"三思而后行"，有时会因犹豫不决而中断购买，购买后还会怀疑是否上当受骗。

6. 情感型购买行为

情感型购买行为指消费者以丰富的联想来衡量商品的价值，购买时注意力容易转移，兴趣容易变换，对商品的外表、造型、颜色和命名都较重视，以是否符合自己的想象作为购买的主要依据。

7. 不定型购买行为

不定型购买行为指消费者具有尝试性心理，其心理尺度尚未稳定，购买时没有固定的偏爱，在上述几种购买行为类型之间游移，这种类型的消费者多数是独立生活不久的青年人。

2.3.3.3　消费者购买决策过程

旅客和货主是运输需求的主体，其购买运输产品的过程，也就是其购买决策的过程。对于铁路运输企业来说，可以针对每个环节中旅客和货主的心理和行为，采取不同的市场营销手段。

运输产品消费者的购买决策过程分为五个阶段：认知运输需求、收集有用信息、进行分析评价、做出购买决策、总结购后感受。这里强调的是运输产品消费者的整个购买过程，而不单是购买决策，实际上消费者并不是在购买每种运输产品时都要经过这五个阶段，消费者可能越过其中的某些阶段进行购买。

1. 认知运输需求

认知运输需求是运输产品消费者购买决策过程的起点。在运输产品消费者的全部行为中，决策行为是核心。它直接关系到消费者的需求能否得到较好的满足，但为了能做出决策，首先须对自己的需求有全面的了解。对货运消费者来说，要了解自己货物的种类、运输的距离、时效性的要求、对运输条件的要求、运费的支付能力等。对客运消费者来说，要了解自己出行的目的、出行的距离、时间紧迫性、身体的适应能力、对运费的支付能力等。由于不同的运输产品消费者在不同的时期所产生的运输需求不同，因而只有了解具体的运输需求的特点，才能做出较好的运输需求选择。

2. 收集有用信息

在了解自己的运输需求后，旅客和货主还须广泛收集市场信息，充分的市场信息可以避免决策的失误，减少购买风险。运输产品消费者所收集的信息包括现有的运输径路、运输方式、运输工具的充足程度、班次频率、安全性、舒适度、运费水平、时间占用、服务质量等。凡是有助于运输产品消费者做出正确决策的信息，都属于应收集的信息。在实际生活中，不同的运输产品消费者进行信息收集的积极性会因需求的强度不同而有所不同。需求强度大的运输产品消费者会有很高的积极性，相反，需求强度低的运输产品消费者不一定会积极主动地去寻找有关信息，但会注意接收有关信息。运输产品消费者收集信息的范围和数量也会因运输产品消费者的类型和风险感的大小而不同。初次发生某种运输需求的消费者需收集较多、较广的信息，多次发生某种运输需求的消费者所收集的信息则较少。运输产品消费者的决策本身是一个伴有风险的过程。不同的运输需求，带给消费者的风险感不同。风险较大时，运输产品消费者会努力收集更多的信息，以避免经济和精神上的损失，而风险较小时，则不会收集更多的信息。运输产品消费者收集信息的渠道大致有自己以往的经验、他人的介绍、现场了解、运输企业或媒介的宣传等。

3. 进行分析评价

一般情况下，无论是旅客还是货主，都会面临多种选择方案。首先面临着运输方式的选择，到底采用铁路运输还是公路运输、水路运输、航空运输，让这个运输企业运输还是让另一个运输企业运输，运输产品消费者必须做出选择。运输产品消费者必须利用所获得的信息、结合对自己需求的了解，进行全面的评价，然后根据评价的结果做出最后的选择。评价、选择的复杂程度因不同的运输产品消费者和不同的运输需求而不同。例如，大宗货物的货主，比一次性小批量货物的货主更重视评价过程。

4. 做出购买决策

运输产品消费者根据评价的结果，选定自己认为最佳的产品或品牌，实施购买，即进入现实购买阶段。

5. 总结购后感受

购后感受是购买决策过程的最后阶段，其主要是反映运输产品消费者在消费运输商品或服务后的反应。运输产品消费者通过运输活动，可以检验自己的决策，重新评价决策是否正确，与自己预先的要求有何差距，以便为今后类似的活动积累经验。运输产品消费者的感受，使其积累了经验，在运输需求选择方面不断成熟，而且能以自己的感受修正所接受的市场信息。

2.3.3.4 铁路运输产品消费者的行为规律

铁路运输产品消费者的行为规律主要表现在其对铁路运输产品或服务的选择规律上。

1. 旅客的消费行为规律

旅客选择运输方式或某种运输方式中的某个运输企业时，要综合考虑多种因素，这些因素主要体现在运输的安全性、经济性、便捷性、舒适性、准时性等方面。安全性是不同运输方式的前提性因素，旅客旅行，最根本的需求是安全。旅客在选择交通工具时，会首先根据以往的旅行经验及来自交通安全方面的信息，对可选择的交通工具进行判断。便捷性是指旅客旅行过程中各环节上的方便程度，包括开行频率、售票、中转换乘、行包托运及提取等方面的便利程度，它是旅客旅行选择交通工具的重要指标。舒适性要以一定的技术手段作保证，交通工具要舒适就得有更多的投入，因此舒适程度会间接反映在运费上。准时性会落实到旅行时间上。旅客旅行选择交通工具的基本原则是实现相同的空间位移时，能支付较少的运费，并花费较少的旅行时间。运费的节约对旅客的意义是不言而喻的，较少的运费支出是一种相对意义上的获得。旅行时间的节约对旅客同样具有重要的意义。客运需求与货运需求一样，属于派生需求，旅客出行的目的是生产和生活需要，因而时间的节约直接或间接地与旅客经济上的得失有关。旅客旅行受旅行环境、车辆振动、噪声等因素的影响，同时旅行时间也是旅客的心理时间，即旅客一旦进入旅行角色，旅行时间长，旅客将在心理上产生反应，如厌烦、心理疲倦等，进而影响旅客感受和心理状态，造成旅客旅行机体疲劳和心理疲劳。

2. 高速铁路旅客的消费行为规律

高速铁路的开通正在影响人们的思维方式和工作方式。不但中长途商务、生活、旅行客流是高速铁路的重要客源，通勤、通学客流也逐渐成为高速铁路的稳定客源。当今公众外出旅行在心理和消费行为规律上都发生了很大的变化，以下将从旅客个人身份特征、旅客出行目的、影响旅客选择出行方式的因素 3 个方面对高速铁路旅客的消费行为规律加以分析。

1）旅客个人身份特征

（1）年龄。年龄对于旅客选择出行方式有较大的影响，一般来说，年轻人更容易接受新生事物，更加倾向于接受高速铁路等新型交通工具，而老年人由于更加传统或者由于身体及价格等原因更倾向于选择普速铁路。

（2）学历。学历体现了消费者的受教育程度，高学历的旅客选择中高端出行方式的比例会高一些。

（3）收入。收入对于出行方式的选择会有较大的影响，月收入在 3 000 元以下的旅客更注重直接经济成本，而月收入在 3 000～10 000 元的旅客更注重时间成本，出行效率是其首要考虑的因素。一般来说，旅客对运输效率的要求与其收入是成正比的。

2）旅客出行目的

（1）商务出行。一般来说，商务旅客最不受票价制约，其最关注的往往是时间成本，大多数因公出差的旅客由于票款可以报销，因而票价因素对其影响较小，他们多把运行时间作为选择出行方式的首要因素，乘坐的舒适性也是其关注的重点。

（2）探亲访友。以探亲访友为出行目的的旅客对乘坐的舒适度和运行时间较重视。

（3）旅游度假。以旅游度假为出行目的的旅客更注重出行的舒适度，其次关注的是出行的成本。

（4）求学。以求学为出行目的的旅客（主要是学生）往往对于出行的费用比较在意，而对出行的时间等方面考虑的不多。

3）影响旅客选择出行方式的因素

（1）出行费用。随着人民群众生活水平的日益提高，人们的购物和消费习惯也发生了较大的改变，由过去一味选择低价的出行方式，逐步转变为可以接受价格更高、体验更好的出行方式，所以，从整体上看，出行费用对旅客选择出行方式的影响力在减弱。

（2）运行总时间。运行总时间包括所选交通工具的准点率、运行时间和换乘的便利性等，这些对旅客选择出行方式有较大的影响。工作与社会生活节奏的加快及对消费体验要求的进一步提高，使得人们越来越多地考虑出行方式运行时间的长短、准点率的高低及换乘是否便利等因素。

（3）安全性。安全性是旅客出行的最基本要求之一，相对于公路等其他出行方式，高速铁路的安全性还是受到旅客的广泛认可的。

（4）舒适性。相对于公路客运车辆及普速铁路列车，高速铁路列车的舒适性有比较大的提高，这一点也受到了旅客的普遍认可。

（5）出行频率。出行频率高的旅客更加关注交通工具的时间成本和效率，他们考虑更多的是运行总时间（包括准点率、运行时间、换乘的便利性）。出行频率低的旅客更注重乘坐的舒适性。

（6）出行距离。

① 短途出行（小于 300 km）。在城市密集区内各城市之间的短途客流是除飞机外的各类交通工具激烈争夺的市场。

② 中途出行（300～1 000 km）。出行距离"不远不近"，同时希望当天办完事并返回的旅客，他们对朝发夕归的高速列车十分青睐。

③ 长途出行（大于 1 000 km）。长途出行是高速铁路与航空运输竞争的主要领域，高速铁路具备一定的竞争力。

任务小结

企业进行市场营销活动，最终目的都是通过满足消费者的需求来创造经济价值。高速铁路运输企业必须对高速铁路运输市场消费者的消费心理和购买行为进行深入的研究和分析，了解旅客的各种需求，并针对这些需求提供相应的产品和服务。

思考与练习

1. 影响旅客运输需求的因素有哪些？
2. 运输产品消费者的购买动机主要包括哪些类型？
3. 简述高速铁路旅客的消费行为规律。

项目 3

高速铁路运输市场调查与预测

⚑ **思政目标**

● 通过学习高速铁路运输市场调查与预测知识技能，培养科学、理性的工作观。

引导案例

铁路运输市场调查问卷实例

关于铁路的调查问卷

亲爱的朋友: 您好! 我们是湖南高速铁路职业技术学院的学生。我们正在进行一份关于铁路的市场调查问卷, 主要是针对铁路方面问题进行的问卷调查, 以此展开问卷调查活动, 耽误您一点宝贵时间, 回答铁路调查问卷, 谢谢您的合作。

*1. 请问您的性别是
- ○ 男
- ○ 女

*2. 请问您的年龄是
- ● 18岁以下
- ○ 18～25岁
- ○ 25～40岁
- ○ 40岁以上

*3. 您一般一年选择铁路出行的次数是
- ○ 1～2次
- ○ 3～4次
- ○ 5～6次
- ○ 6次以上

*4. 在选择铁路出行时, 你首要考虑的因素是
- ○ 耗时长短
- ○ 舒适程度
- ○ 价格高低
- ○ 其他

*5. 您经常采用的购票方式是
- ○ 微信、支付宝等网络购票方法
- ○ 铁路12306网、12306手机App 等购票方法
- ○ 车站窗口买票
- ○ 其他

*6. .您对于购票、退票、改签、补票的便捷性满意度如何
- ○ 很满意
- ○ 满意
- ○ 一般
- ○ 不太满意
- ○ 很不满意

*7. 您出行的目的主要是
- ○ 返校回家
- ○ 探亲访友
- ○ 旅游休闲
- ○ 其他

*8. 您认为火车上的硬件设施如何
- ○ 很满意
- ○ 满意
- ○ 一般
- ○ 不太满意
- ○ 很不满意

*9. 您有遇到过火车晚点的情况吗
- ○ 一般没有晚点
- ○ 晚点5分钟以内
- ○ 晚点5～30分钟
- ○ 晚点30分钟以上

*10. 您在节假日购买火车票的难易程度如何
- ○ 很轻松
- ○ 比较轻松
- ○ 一般
- ○ 比较困难
- ○ 很困难

*11. 您对列车上的治安管理的满意度如何
- ○ 很不满意
- ○ 不太满意
- ○ 一般
- ○ 比较满意
- ○ 很满意

*12. 您对于乘车换乘 (与城市交通衔接) 的便捷性的满意度如何
- ○ 很不满意
- ○ 不太满意
- ○ 一般
- ○ 比较满意
- ○ 很满意

*13. 您认为铁路哪方面需要改进【最少选择2项】
- □ 服务态度
- □ 办事程度
- □ 人文关怀
- □ 环境卫生
- □ 其他

*14. 您对铁路出行方面有何建议

提交

☆ 问卷星 提供技术支持   举报

任务 3.1　高速铁路运输市场调查

工作任务

了解高速铁路运输市场调查的内容和方法。

任务解析

通过对高速铁路运输市场的深入分析，掌握高速铁路运输市场调查的内容和方法。

相关知识

高速铁路运输市场调查的类型、高速铁路运输市场调查的内容。

任务实施

3.1.1　市场调查的概念

市场调查是指运用科学的方法，有目的地、系统地搜集、记录、整理与企业市场营销相关的信息和资料，分析市场情况，了解市场的现状及其发展趋势，为市场预测和营销决策提供客观的、准确的资料。

3.1.2　市场调查的作用

1. 有助于更好地吸收先进经验、改进工艺技术、提高管理水平

当今世界，科技发展迅速，新发明、新创造、新技术和新产品层出不穷。科学技术的进步自然会在商品市场上以产品的形式反映出来。市场调查，有助于我们及时地了解市场动态。市场调查为企业提供最新的市场情报和技术情报，以便企业更好地学习同行业的先进经验和最新技术，改进企业的生产技术，提高人员的技术水平，提高企业的管理水平，进而提高产品的质量，加速产品的更新换代，增强产品和企业的竞争力，保障企业的生存和发展。

2. 为企业管理部门和负责人提供决策依据

企业只有在对市场情况有了实际了解的情况下，才能有针对性地制定市场营销策略和企业经营发展策略。企业管理部门的有关人员针对某些问题进行决策时（如进行产品策略、价格策略、分销策略、广告和促销策略的制定），通常要了解的情况和考虑的问题是多方面的：本企业的产品在什么市场上销售情况较好，有发展潜力；在某个具体的市场上预期可销售的数量是多少；如何才能扩大企业产品的销售量；如何掌握产品的生产量；如何确定产品价格；

怎样组织产品推销，销售费用又将是多少，等等。这些问题都只有通过具体的市场调查，才可以得到具体的答复，而且只有通过市场调查得来的具体结论才能作为企业决策的依据，否则，就会形成盲目的和脱离实际的决策，而盲目则往往意味着失败和损失。

3. 增强企业的竞争力

由于社会化大生产的发展和技术水平的进步，市场竞争变得日益激烈。市场在不断地发生变化，而促使市场发生变化的原因，不外乎产品、价格、分销、广告、推销等市场因素和政治、经济、文化、地理条件等市场环境因素。这两种因素往往是相互联系和相互影响的，同时也不断地发生变化。企业为适应这种变化，只有通过广泛的市场调查，及时地了解各种市场因素和市场环境因素的变化，才能有针对性地采取措施。通过对市场因素，如价格、产品结构、广告等的调整，去应对市场竞争。对于企业来说，能否及时了解市场变化情况，并适时地采取应变措施，是企业能否取胜的关键。

3.1.3　市场调查的类型

根据市场调查要达到目的的不同，市场调查可分为以下几种类型。

1. 探测性调查

当市场调查的问题或范围不够明确，无法确定应研究什么问题时，可采用探测性调查（亦称非正式调查）去找出问题。例如某企业近几个月来产品销量明显下降，其原因究竟是竞争激烈，还是产品质量下降，或是销售中间商的不努力，可能的原因很多，通过探测性调查发现问题所在，至于问题具体应该如何解决则有赖于进一步的信息收集。

2. 描述性调查

多数的市场调查为描述性调查。例如：市场潜力研究、市场占有率研究、销售渠道研究等。在描述性调查中可找出相关变量，其能够描述调查对象的特征，说明"怎样"或"如何"的问题，但并不能说明何者是因，何者是果，解决不了"为什么"的问题。例如在品牌研究中发现品牌销售量与广告支出有很大的关系，提供了进一步深入研究的基本资料，如欲了解品牌与广告预算的因果关系，则需作因果关系研究。此外，没有描述性调查所提供的资料，也无法从事预测性调查的工作。

3. 因果性调查

因果性调查是在描述性调查的基础上，找出各个相关联的因素之间的关系，哪个是因，哪个是果，其相互影响程度如何。也就是要找出原因和结果及其关系。无论变量所处的环境如何，当且仅当一个变量的变化将导致另一个变量变化时，可以认为两个变量之间是因果关系。因果关系研究就是探索并建立变量之间可能的因果关系。在描述性调查中已收集了变量的资料，并指出它们的相互关联，但究竟是何种关系，则是因果关系调查的任务。

4. 预测性调查

市场营销所面临的最大问题是需求问题。市场需求的估算对每个企业来说关系重大，因为销售预测是企业所有预算活动的起点，是企业所有计划的出发点。对企业产品的未来需求如果不了解或无从估计的话，日后所冒的风险显然很大，可能发生的生产过剩或生产不足都会使企业面临损失，因此预测性调查意义重大。预测性调查所需的资料主要根据描述性调查与因果性调查所提供。预测性调查是根据前三种调查所提供的各种市场情报资料，运用定性或定量的方法，估计未来一定时期内市场对某种产品的需求及变化趋势。在现代市场营销的条件下，需求是企业生产的先决条件。企业只有了解未来的需求状况，才能更好地组织企业的市场营销活动，所以，预测性调查对企业来说，有重要的现实意义。

3.1.4　市场调查的内容

由于市场调查的内容涉及市场营销活动的整个过程，影响市场营销的因素很多，因此，市场调查的内容也很多、很广泛。凡是直接或间接影响市场营销工作的情报资料，都要广泛收集和研究，具体包括以下方面。

1. 市场环境调查

市场环境调查主要包括对经济环境、政治环境、社会文化环境、科学环境和自然地理环境等的调查。具体的调查内容可以是市场的购买力水平，经济结构，国家的方针、政策和法律法规，风俗习惯，科学发展动态，气候等各种影响市场营销的因素。

2. 市场需求调查

市场需求调查主要包括消费者需求量调查、消费者收入调查、消费结构调查、消费者行为调查，具体涉及消费者为什么购买、购买什么、购买数量、购买频率、购买时间、购买方式、购买习惯、购买偏好和购买后的评价等。

3. 市场供给调查

市场供给调查主要包括产品生产能力调查、产品实体调查等，具体涉及某一产品市场可以提供的产品数量、质量、功能、型号、品牌，以及生产供应企业的情况等。

4. 市场营销因素调查

市场营销因素调查主要包括对产品、价格、渠道和促销的调查。产品调查主要涉及市场上新产品开发的情况、设计的情况、消费者使用的情况、消费者的评价、产品生命周期阶段、产品的组合情况等。价格调查主要涉及消费者对价格的接受情况，对价格策略的反应等。渠道调查主要涉及渠道的结构、中间商的情况、消费者对中间商的满意程度等。促销调查主要涉及各种促销活动的效果，如广告实施的效果、人员推销的效果、营业推广的效果和对外宣传的市场反应等。

5. 市场竞争情况调查

市场竞争情况调查主要包括对竞争企业的调查和分析，了解同类企业的产品、价格等方面的情况，他们采取了什么竞争手段和策略，做到知己知彼，通过市场竞争情况调查帮助企业确定竞争策略。

3.1.5　市场调查的过程

市场调查是企业制订市场营销计划的基础。企业开展市场调查，一般可以采用两种方式，一是委托专业市场调查公司来做，二是企业自己来做，企业可以设立市场研究部门，专门负责此项工作。市场调查工作的基本过程包括明确调查目标、设计调查方案、制订调查工作计划、组织实地调查、调查资料的整理和分析、撰写调查报告。

1. 明确调查目标

企业进行市场调查，首先要明确市场调查的目标，按照企业的不同需要，市场调查的目标有所不同。企业实施经营战略时，必须调查宏观市场环境的发展变化趋势，尤其要调查所处行业未来的发展状况；企业制定市场营销策略时，要调查市场需求状况、市场竞争状况、消费者购买行为和营销要素情况；当企业在经营中遇到了问题，应针对存在的问题和产生的原因进行市场调查。

2. 设计调查方案

一个完善的市场调查方案一般包括以下几个方面的内容。

1）调查目的

根据市场调查目标，在调查方案中列出本次市场调查的具体目的和要求。

2）调查对象

市场调查的对象一般为消费者、中间商等，消费者一般为使用该产品的消费群体。在以消费者为调查对象时，要注意有时某一产品的购买者和使用者是不一致的，如对婴儿食品的调查，其调查对象应为婴儿的母亲。

3）调查内容

调查内容是收集资料的依据，是为实现调查目标服务的，可根据市场调查的目的确定具体的调查内容。调查内容的确定要全面、具体，条理清晰、简练，避免面面俱到，过于复杂，避免把与调查目的无关的内容列入其中。

4）调查表

调查表是市场调查的基本工具，调查表的设计质量直接影响到市场调查的质量。设计调查表要注意以下几点。

（1）调查表的设计要与调查主题密切相关，重点要突出，避免出现可有可无的问题。

（2）调查表中的问题要容易让被调查者接受，避免出现被调查者不愿回答，或令被调查者难堪的问题。

（3）调查表中问题的次序要条理清楚，"顺理成章"，符合逻辑顺序，一般可遵循以下原则：容易回答的问题放在前面，较难回答的问题放在中间，敏感性问题放在最后；封闭式问题在前，开放式问题在后。

（4）调查表的内容要简明，尽量使用简单、直接、无偏见的词汇，以保证被调查者能在较短的时间内完成调查表。

5）调查地区范围

调查地区的范围应与企业产品销售范围相一致，当在某一城市做市场调查时，调查范围应为整个城市，但由于调查样本数量有限，调查范围不可能遍及城市的每一个地方，一般可根据城市的人口分布情况，主要考虑人口特征中收入、文化程度等因素，在城市中划定若干个小范围的调查区域，划分原则是使各区域内的综合情况与城市的总体情况分布一致，将总样本按比例分配到各个区域，在各个区域内实施访问调查。这样可缩小调查范围，减少实地访问工作量，提高调查工作效率，减少费用。

6）样本的抽取

调查样本要从调查对象中抽取，由于调查对象分布范围较广，应制定一个抽样方案，以保证抽取的样本能反映总体情况。样本的抽取数量可根据市场调查对准确程度的要求确定，市场调查结果准确度要求越高，抽取样本数量应越多，但调查费用也越高，一般可根据市场调查结果的用途确定适宜的样本数量。

7）资料的收集和整理方法

在市场调查中，常用的资料收集方法有调查法、观察法和实验法，一般来说，第一种方法适用于描述性调查，后两种方法适用于探测性调查。企业做市场调查时，采用调查法较为普遍，调查法又可分为面谈法、电话调查法、邮寄法、留置法等。这几种调查方法各有其优缺点，适用于不同的调查场合，企业可根据实际调研项目的要求来选择。资料的整理方法一般可采用统计学中的方法，利用 Excel 表格，可以很方便地对调查表进行统计处理，获得大量的统计数据。

3. 制订调查工作计划

1）人员配备

建立市场调查项目的组织和领导机构，可由企业的市场部或企划部来负责调查项目的组织和领导工作，针对调查项目成立市场调查小组，负责项目的具体实施。

2）访问员的招聘及培训

根据调查工作量来核定需招聘访问员的人数。对访问员须进行必要的培训，培训内容包括以下方面。

（1）调查的基本方法和技巧。

（2）所调查产品的基本情况。

（3）实地调查的工作计划。

（4）调查的要求及要注意的事项。

3）工作进度

为市场调查项目的整个过程制订一个时间表，确定各阶段的工作内容及所需时间。市场调查包括以下几个阶段。

（1）调查工作的准备阶段，包括调查表的设计、抽取样本、访问员的招聘及培训等。

（2）实地调查阶段。

（3）问卷的统计、分析阶段。

（4）撰写调查报告阶段。

4）费用预算

市场调查的费用预算主要有调查表设计、印刷费，访问员培训费，访问员劳务费，被调查者礼品费，调查表统计处理费等。企业应核定市场调查过程中将发生的各项费用支出，合理确定市场调查总的费用预算。

4. 组织实地调查

市场调查的各项准备工作完成后，便可开始进行实地调查工作，组织实地调查要做好两方面的工作。

1）做好实地调查的组织领导工作

实地调查是一项较为复杂的工作。要按照事先划定的调查区域确定每个区域调查样本的数量，访问员的人数，每位访问员应访问样本的数量及访问路线；每个调查区域配备一名督导人员；明确调查人员的工作任务和工作职责，做到工作任务落实到位，工作目标、责任明确。

2）做好实地调查的协调、控制工作

调查组织人员要及时掌握实地调查的工作进度完成情况，协调好各个访问员的工作进度；要及时了解访问员在访问中遇到的问题并帮助解决，对于调查中遇到的共性问题，提出统一的解决办法。要做到每天访问调查结束后，访问员首先对填写的问卷进行自查，然后由督导员对问卷进行检查，找出存在的问题，以便在后面的调查工作中及时改进。

5. 调查资料的整理和分析

实地调查结束后，即进入调查资料的整理和分析阶段。收集好已填写的调查表后，由调查人员对调查表进行逐份检查，剔除不合格的调查表，然后将合格的调查表统一编号，以便进行调查数据的统计。调查数据的统计可利用 Excel 软件完成；将调查数据输入计算机后，经 Excel 软件处理后，即可获得已列成表格的大量统计数据，利用上述统计结果，就可以按照调查目的的要求，针对调查内容进行全面的分析工作。

6. 撰写调查报告

撰写调查报告是市场调查的最后一项工作内容，市场调查工作的成果将体现在最后的调查报告中，调查报告将提交企业决策者，作为企业制定市场营销策略的依据。市场调查报告要按规范的格式撰写，一个完整的市场调查报告格式由题目、目录、概要、正文、结论和建议、附件等组成。

3.1.6　高速铁路运输市场调查的概念

高速铁路运输市场调查是指以高速铁路运输市场为对象，采用科学的方法，系统地收集和整理有关高速铁路运输市场营销的信息和资料，为高速铁路运输市场预测和高速铁路运输企业营销决策提供依据的一系列活动。

3.1.7　高速铁路运输市场调查的原则

运输市场调查一般要遵循以下五个方面的原则。

1. 准确性原则

准确性原则指调查所收集的信息、资料必须是准确和可靠的。这就要求对市场中大量的信息、情报进行分析和筛选等科学加工，保证收集的信息能客观真实地反映运输市场的实际情况。

2. 及时性原则

运输市场的变化受多方面因素的影响，运输市场的信息和资料有很强的时间性，过时的信息、资料会导致运输决策的失误。

3. 系统性原则

系统性原则要求市场调查的资料必须是全面和系统的。要对调查的信息资料进行整理，使之条理化、类别化和系统化，找出其内在的规律，使运输企业的经营活动与市场的变化相适应。

4. 针对性原则

市场调查的范围广泛、规模庞大、信息纷杂，要进行有针对性的调查，尽量避免人、财、物等方面的无谓浪费。

5. 经济合理性原则

运输市场调查的最终目的，是使运输企业做出正确的经营决策，提高经济效益，因此在进行市场调查时，一定要用快的速度、少的成本、科学有效的方法，完成调查任务。

3.1.8　高速铁路运输市场调查的类型

1. 全面调查

全面调查是指运输企业根据调查目的和任务要求，向全部调查对象进行同一内容的调查的方式。如对机关团体客源情况的调查，由于某运输企业的机关团体客源单位数量是固定的，就可以对这些单位发出统一的调查表格，表格中所列指标由每个客源单位填写。全面调查的优点是能够掌握全面情况，缺点是工作量大，成本高，花费的时间长。

2. 抽样调查

抽样调查是指运输企业按照随机原则，从调查对象总体中抽出一部分样本单位进行调查，借以推算全部调查对象总体情况的方法。抽样调查的组织方式有简单随机抽样、等距抽样、类型抽样、整群抽样等。抽样调查的误差可以事先计算和控制，抽样调查具有可推断性，所以在实际工作中应用很广。抽样调查可以省时、省力，节约人力、物力、财力，保证调查的经济合理性。

3. 重点调查

重点调查也称为个别调查或专题调查，主要是针对总体中重点的或个别的调查对象的特殊问题进行深入、细致的专门调查，如高速铁路上座率问题的专题调查等。

4. 典型调查

典型调查是运输企业根据调查目的和要求，在对被研究总体作全面分析之后，有意识地从中选取少数具有代表性的单位进行深入调查、研究的一种非全面调查，其精髓是运用典型材料，解剖同类问题，提出改进建议。这种调查的优点是机动、灵活、省时、省力，有利于提高工作效率，其缺点是不太精确。典型调查的成效，很大程度上取决于所选择的典型调查对象的代表性如何。

3.1.9　高速铁路运输市场调查的方法

1. 直接观察法

直接观察法是调查人员亲自到现场，对被调查对象的现实情况进行清点、测定、计量和记录，以取得第一手资料的方法。例如调查人员亲赴机关团体、主要站点等，观察、了解运输质量、运输价格、运输速度及客运的需求情况等。

2. 采访法

所谓采访法就是当面或通过电话、书面、网络等方式向被调查者提问，根据被调查者的答复来搜集统计资料的一种方法。此方法又可以分为个别访问和开调查会两种方式。例如召集被调查者开座谈会，个别面谈了解，让被调查者填写调查表及通过电话询问等都属于采访法。这种把调查对象"请进来"或调查者"走出去"的方法，可以全面了解各种情况，搜集所需信息。

3. 实验法

实验法是运输市场调查中使用较多的方法。凡是客运车次的新开或延伸，以及新型列车的使用等，都可以采用此方法做小规模的运输实验，以了解市场的反应，从而确定经营策略。

4. 资料研究法

资料研究法是一种间接调查方法。它是利用已有的市场统计资料对调查的内容进行分析和研究，以获得市场情况。

5. 大数据研究法

大数据即"海量数据"。大数据研究法的精髓是对海量数据进行调查、整理，得出有价值的结果。运输企业通过对海量数据进行调查、整理，为未来发展方向或某一重大决策提供重要的参考依据。近年来,随着我国高速铁路的蓬勃发展,中国铁路总公司已经开始应用物联网技术,通过大数据研究法对相应的数据进行调查研究,为公众的出行提供参考资料,拉开了铁路部门运用大数据的序幕。

3.1.10 高速铁路运输市场调查的内容

1. 市场环境调查

(1)政治环境调查,其主要调查党和国家的方针、政策、法律,以及相关部门的法令、条例等,如对国家涉及高速铁路税收、信贷、利率等方面政策进行调查。

(2)经济环境调查,其主要调查本地区的经济形势、产业结构、国民收入分配状况等。经济形势调查的内容包括本地区主要产业部门的生产情况及部门间的协调情况;市场商品的供应与流通状况;物价波动状况;人民生活水平状况;等等。

(3)技术环境调查,其主要调查运输行业的科学技术水平,科技政策,新产品、新技术、新工艺和新材料的开发能力、发展速度、变化趋势,以及新车型的开发、投放等。

(4)生产环境调查,其主要包括两方面的内容。一是与运输生产直接相关的燃料、配件供应;主要营运线路、新开辟营运线路的交通条件(含通车、通航条件,交通量,通行能力,运输水平,安全运输条件等)。二是本地区运力、运量的现状及发展趋势,运输市场竞争的形势,其他运输经营者的经营策略和运输服务质量。

(5)交通基础设施环境调查,其主要包括本地区交通网的密度及等级条件、场站设置及其网络系统、运输信息服务等。基础设施的完善程度不仅是交通运输现代化的重要标志,而且是投资环境和运输市场环境的主要内容。

(6)社会和文化环境调查。运输市场广阔,各地区文化背景、风俗习惯、价值观念等均存在很大的差异。各地区的人员流动趋向,人们对运输方式的偏好,当地的地理情况等,均影响着对运输方式的特定需求。

2. 市场供给调查

市场供给调查就是调查运输产品的供应情况,调查本地各种运输方式的运力规模、运输质量;其他运输经营者的经营方式、运力构成、布局、技术水平的现状及发展趋势,同时,还要了解本企业的市场占有率等情况。

3. 市场需求调查

市场需求调查是市场调查的重要内容,其基本内容包括当前市场需求调查、潜在需求调查、运输需求者行为调查。

(1)当前市场需求调查。当前市场需求调查包括客源调查、货源调查等。

客源调查就是了解旅客的乘车意向,掌握旅客的流动规律,以便科学地安排列车运行线路和班期,使班期、班次最大限度地满足旅客的需要。

货源调查就是调查货物的流量、流向、流时、流距、种类及其变化趋势。

(2)潜在需求调查。市场需求有两种,一种是现实需求,即消费者自己已意识到并具有购买能力,也准备购买产品或服务以求得满足的需求。了解现实需求的目的是掌握运输服务的市场容量。另一种是潜在需求,研究市场潜在需求是为了了解把这种潜在需求变为现实需求的可能性。

(3)运输需求者行为调查。运输需求者行为调查主要包括旅客的性别、年龄、职业、学历、收入、出行目的、选择出行方式的影响因素及偏好等。随着高速铁路的发展，运输市场调查的内容也应与时俱进，除了将旅客的性别、年龄、职业、学历、收入、出行目的等常规项目作为调查内容外，还可以加入"您在列车上的主要活动内容有哪些？""您是否愿意使用一款能帮您解决购票难、取票烦的手机应用软件？""当您只买到无座票时，您是否希望能够查看并预约列车内的空闲座位？""您是否希望在高速铁路上一键点餐且由乘务员将餐食送至您的座位？""您是否愿意使用一款能在列车上免费看视频、听音乐、读小说的手机应用软件？""您是否希望了解沿途周边城市的美食、景点等信息？""您是否愿意和列车内与您身份相似或者兴趣相投的旅客交流？""您是否希望通过手机一键呼叫乘务员？"等调查内容。只有紧跟时代步伐、贴近旅客生活、重视旅客感受，才能提升调查的效果。

4. 市场经营行为调查

市场经营行为调查包括调查运输经营者的经营资格、职业道德、服务质量、运输价格、缴纳税费等情况。

5. 市场竞争状况调查

市场竞争状况调查包括调查参与市场竞争的企业数量，竞争的激烈程度，竞争的主要手段等。

6. 运输经营者微观环境调查

运输经营者微观环境调查是经营者确定经营方向，制定经营战略，提高经营效率的重要手段。其调查内容主要包括各运输经营者的经营指导思想，以及在市场上各种运输业务的供求情况和发展趋势；经营者的客源组织情况（即争取用户的措施）；拥有的资金、技术、设施、设备情况；各项税费负担情况；等等。

任务小结

铁路运输市场调查是为了获取影响铁路运输市场变化的信息资料，为运输企业经营决策提供科学依据。铁路运输生产点多、线长、分布面广的特点，以及其与社会联系面较为复杂的特性，决定了铁路运输市场调查的内容多而复杂，凡是直接或间接影响铁路运输市场变化的一切信息、资料都属于被调查之列。运输市场调查的内容，取决于调查的目的和任务。

思考与练习

1. 如何理解市场调查的概念？
2. 运输市场调查的类型有哪几种？
3. 运输市场调查的方法有哪些？
4. 简述运输市场调查的内容。

任务 3.2　　高速铁路运输市场预测

了解运输市场预测的过程和原则。

通过市场预测的基本步骤来理解高速铁路运输市场预测的过程。

市场预测的概念、方法，高速铁路运输市场预测的影响因素。

3.2.1　市场预测的概念

市场预测，就是运用科学的方法，对影响市场供求变化的诸因素进行调查研究，分析和预见其发展趋势，掌握市场供求变化的规律，为经营决策提供可靠的依据。

对某种事物未来状态的估计，依赖于我们对社会、经济、科学技术和自然界等方面发展规律的掌握情况，同时，即使我们认识到了某些现象总的客观规律，如果不掌握科学的预测方法，仍无法准确判断未来的情况。

预测是一种近似的预计和推断，预测的结果往往不是客观情况本身，而是一种在特定范围内对客观情况的接近或近似，也就是说，预测结果有误差，必须通过实践来检验和修正。

3.2.2　市场预测的特性

1. 科学性

市场预测运用一定的程序和方法对大量统计资料进行分析，以判断未来市场变化的趋势，依靠科学的判断和预见，为企业制订正确的市场营销计划提供可靠的依据，所以市场预测的科学性是显而易见的。

2. 局限性

市场预测的局限性是由于人们掌握的资料不可能绝对完整，人们对市场变化的一些因素也可能认识不全或考虑不周；在对包含许多复杂因素的事件进行预测时，为建立数学模型，简化一些因素和条件，致使预测的结果往往不能全面地表达市场的变化和发展，从而具有一定的局限性。

3. 近似性

市场预测是对未来市场需求及其变化的估计和推测，而市场的发展变化并不是过去情况的简单重复，其受到各方面不断变化的因素的影响；由于人的认识的局限性，事先推测和预计出来的数值和情况，可能与将来的实际数值和情况不完全一致，所以说，市场预测具有近似性。

3.2.3　市场预测的方法

1. 定性预测法

定性预测法也称为直观判断法，是市场预测中经常使用的方法。定性预测主要依靠预测人员所掌握的信息、经验和综合判断能力，预测市场未来的状况和发展趋势。这类预测方法简单易行，特别适用于那些难以获取全面资料的情况。定性预测方法在市场预测中得到了广泛的应用。定性预测方法包括专家会议法、德尔菲法等。

2. 定量预测法

定量预测法是利用较为完备的历史资料，运用数学模型和计量方法，来预测未来的市场需求。定量预测法可以分为两大类，一类是时间序列法，另一类是回归分析法。

1）时间序列法

在市场预测中，经常遇到一系列依时间变化的经济指标值，如企业某产品按年（季）的销售量、消费者历年收入、购买力增长统计值等，这些按照时间先后顺序排列起来的一组数据称为时间序列。依时间序列进行预测的方法称为时间序列预测法。

2）回归分析法

（1）回归的含义。回归指分析、研究一个变量（因变量）与一个或几个其他变量（自变量）之间的依存关系，其目的在于根据一组已知的自变量数据值，来估计或预测因变量的总体均值。在经济预测中，人们把预测对象作为因变量，把那些与预测对象密切相关的影响因素作为自变量。根据二者的历史统计资料，建立回归模型，经过统计检验后用于预测。回归预测有一个自变量的一元回归预测和多个自变量的多元回归预测之分。

（2）回归分析的基本条件。应用一组已知的自变量数据去估计、预测一个因变量之值时，这两种变量需要满足以下两个条件。

① 统计相关关系。统计相关关系是一种不确定的函数关系，即一种因变量（预测变量）的数值与一个或多个自变量的数值明显相关但却不能精确且不能唯一确定的函数关系，其中的变量都是随机变量。经济现象中这种相关关系是大量存在的。例如粮食亩产量与施肥量之间的关系，二者明显相关但不存在严格的函数关系，亩产量不仅与施肥量有关，还与土壤、降雨量、气温等多种因素有关，因此亩产量存在随机性。

② 因果关系。如果一个自变量 x 变化时，按照一定规律影响另一个变量 y，而 y 的变化不能影响 x，即 x 变化是 y 变化的原因，而不是相反，则称 x 与 y 之间具有因果关系，反映因果关系的模型称为回归模型。

3.2.4　运输市场预测的分类

（1）根据预测时间的长短，运输市场预测分为短期预测、中期预测、长期预测。

短期预测的预测期一般为半年至 2 年，主要为企业制订日常经营管理计划、编制年度生产计划等服务。

中期预测指预测期为 2～5 年的预测，其主要是为企业制订中期计划服务。

长期预测指预测期在 5 年以上的预测，其主要是为企业制定长远规划服务。

（2）根据预测对象的不同，运输市场预测可分为客运市场预测和货运市场预测。

旅客运输市场可根据旅客的行程长短、职业、出行目的、对旅行条件的要求等进行市场细分，客运市场预测也可根据细分的旅客运输市场划分种类。例如：根据旅客行程的长短，客运市场预测可分为长途、中途和短途客运市场预测；根据旅客的职业，客运市场预测可分为工人、农民、学生等客运市场预测；根据旅客的出行目的，客运市场预测可分为出差、探亲、旅游等客运市场预测。同理，货运市场预测也可进行细分，例如：根据货物的运输距离，货运市场预测可分为长途、中途和短途货运市场预测；根据货物的运输条件，货运市场预测可分为一般货物、危险货物和鲜活货物运输市场预测。

（3）按预测的空间范围，运输市场预测可分为国内运输市场预测和国际运输市场预测。

3.2.5　运输市场预测的原则

1. 目的性原则

在进行运输市场预测前，必须明确预测信息的用户和用途，以及用户对预测结果的要求。一般情况下，运输市场预测信息的用户主要是运输市场营销决策者，因此预测者与决策者之间的沟通就十分重要。预测者与决策者要充分沟通，以保证预测工作有明确的目的性，避免盲目开工。

2. 连贯性原则

运输市场的发展变化同其他事物一样都有前因后果和来龙去脉，具有一定的连续性，变化过程中的各个阶段相互联系，甚至会有极大的相似性。现在的运输市场状况是过去运输市场发展演变的结果，未来的运输市场状况也将是现在运输市场的发展延续。必须掌握历史的和现实的运输市场变化资料，分析其发展变化的规律，依照连贯性原则进行逻辑推理，才能对未来运输市场的状况进行预测。

3. 综合性原则

运输市场营销活动涉及政治、经济、社会和技术等多方面的因素，这就要求预测人员具有广博的知识和丰富的社会经验，善于进行综合性的思考和分析。运输市场预测的资料应尽可能地全面，同时避免使用单一的预测方法，要将定性方法和定量方法结合起来。在预测团队中既要有熟悉数量方法的专业人员，又要有熟悉市场、有丰富实践经验的一线工作人员。

4. 客观性原则

运输市场预测依据的信息必须客观、真实、可靠，整个预测过程必须实事求是、认真严格，以保证预测结果的客观、可靠。

5. 及时性原则

运输市场预测是一项时间性很强的工作，运输市场营销活动的决策者必须及时地做出正确决策，这就要求运输市场预测能迅速地提供必要的参考信息。预测的信息一旦过时就失去其价值了。

6. 经济性原则

运输市场预测工作是一项较为复杂的研究工作，需要投入一定的人力、物力、财力和时间，因此，运输市场预测本身也应讲求经济效益。按照经济性原则进行运输市场预测，就是要在保证预测结果精度的前提下，合理选择样本数量、计算方法和工具，恰当确定预测模型，以最低的费用和最短的时间，获得最佳的预测结果。

3.2.6　市场预测的基本步骤

1. 确定目标

确定目标，是开展市场预测工作的第一步，因为预测要实现的目标不同，预测的内容和项目、所需要的资料和所运用的方法都会有所不同。明确预测目标，就是根据经营活动存在的问题，拟定预测的项目，制订预测工作计划，编制预算，调配力量，组织实施，以保证市场预测工作有计划、有节奏地进行。

2. 搜集资料

进行市场预测必须依托充分的资料。充分的资料，为市场预测提供了可靠的依据。在市场预测计划的指导下，调查和搜集有关资料是进行市场预测的重要一环，也是预测的基础性工作。

3. 选择方法

根据预测的目标及各种预测方法的适用条件，选择合适的预测方法。有时可以运用多种预测方法来预测同一目标。预测方法的选用是否恰当，将直接影响到预测的精确性和可靠性。预测的核心是建立描述、概括研究对象特征和变化规律的模型，根据模型进行计算或者处理，即可得到预测结果。

4. 分析修正

分析判断是对调查搜集的资料进行综合分析，并通过判断、推理，使感性认识上升为理性认识，透过事物的表象深入事物的本质，从而预计市场未来的发展变化趋势。在分析评判的基础上，通常还要根据最新信息对预测结果进行不断的修正。

5. 编写报告

预测报告应该概括预测研究的主要活动过程，包括主要资料和数据预测目标、预测对象及有关因素的分析，预测方法的选择和模型的建立，以及对预测结论的评估、分析和修正等。

3.2.7　高速铁路运输市场预测的影响因素

1. 高速铁路运输市场预测的宏观影响因素

对于高速铁路运输市场预测来说，客运需求是重要的预测内容。

对于高速铁路这种交通方式而言，影响其客运需求的因素有很多，而不同因素的影响程度也不尽相同，从宏观角度分析，主要有以下几种影响因素。

1）国家政策因素

国家为了保证国民经济快速、持续、稳定增长，在能源、交通等对国民经济发展有重大影响的方面实行宏观管理和调控，因此国家针对交通运输领域制定的有关政策必然会对各交通运输方式产生很大的影响。高速铁路运输市场预测需要把国家政策作为重点研究对象。

2）社会经济发展水平

当一个地区处于经济起飞阶段时，铁路对于社会经济发展具有先导性作用。在一些发达国家的经济发展史中，铁路都曾有过明显的大发展时期，这些国家在铁路的发展上大致都采取了超前型的发展战略，一般都出现了经济和交通运输量同步高速增长的特点。随着我国社会经济发展水平的不断提高，运输需求毫无例外地将持续高速增长，经济发展对我国高速铁路运输市场的发展也必将起到巨大的推动作用。

3）居民收入及消费水平

经济越发达，人民越富裕，旅客运输需求越大。人们的平均出行时间和次数都随着收入水平的提高而增加。随着我国综合国力的不断提升，社会保障制度的日趋完善，人们必将更加注重与"行"相关的需求，因此，如何满足急剧增加的旅客运输需求，是整个交通运输业，尤其是铁路行业面临的重要问题，而高速铁路在出行消费升级中的优势更为明显，其能够更好地满足客运需求。

4）人口数量及结构

旅客运输的对象是人，人口数量及其增长速度，尤其是人口中劳动力的数量及其增长速度是影响人口迁移和流动的重要因素，城市化进程则进一步加剧了人口的迁移和流动。在市场经济体制下，人们在就业方面有较大自由，人口流动相对频繁，因此高速铁路客运需求量也将出现强劲的增长势头。

5）旅游业发展

随着人民生活水平的提高，旅游需求在整个生活需求中的比重变得越来越高，旅游运输需求也变得比普通客运需求更具有潜力。近年来，普通民众出游开始由观光型转向休闲度假型，旅游变得越来越平民化，人们放松心情度假，开始真正享受旅游带来的乐趣。虽然旅游热在一定程度上加重了铁路线路的负担，但旅游业的发展也为高速铁路运输市场带来了新的活力。随着多个小长假的出现，短途游、周边游、个性化旅游迅速升温，由于假期短暂、时间宝贵，高速铁路也成了越来越多出游者的选择。

6）运输方式的替代性

旅客运输需求存在各种运输方式之间、运输企业之间的替代性。从高速铁路的角度来分析客运需求时，就必须同时分析其他运输方式对高速铁路需求的替代性程度。例如，对于中长途运输，旅客会把高速铁路同飞机进行比较；对于短途运输，旅客会把高速铁路与高速公路进行比较。其他交通运输方式的影响程度是高速铁路运输市场预测必须考虑的因素。

2. 高速铁路运输市场预测的直接影响因素

高速铁路旅客运输的服务产品包括用以满足旅客位移需要的全部服务。从旅客对高速铁路运输市场直接需求的角度出发，影响客运需求的相关因素可以归纳为以下几个方面。

1）速度（旅行时间）

速度可以说是各交通运输产品性能的基本体现。与普通铁路相比，高速铁路提高了运行速度、缩短了旅行时间，对旅客而言无疑是极具诱惑力的。高速铁路在速度上的领先，使其在运输市场中具有很大的竞争优势。

2）密度（发车密度）

发车密度反映了运输部门所能提供的运输服务产品的数量水平。列车开行间隔及到发时间是衡量高速铁路客运产品便捷性的重要指标，其对旅客的旅行需求有较大的影响，是旅客出行时选择交通工具的一个重要影响因素。一般来说，缩短发车间隔，相应地增加了列车发车的密度，旅客选择出行时间的范围更广，这既丰富了旅客的出行方案，也缩短了旅客在车站的平均候车时间。

3）票价

在市场经济体系中，价格竞争起到了很大的作用。人们倾向于物美价廉的商品或服务。运输服务价格的变动对消费者需求影响较大，高速铁路的定价高于普速铁路而低于航空，进站手续又相对简单，这在一定程度上可以吸引原本采用其他运输方式出行的旅客群体。

4）舒适度

随着人民生活水平的提高，旅客对出行工具的舒适度有越来越高的要求。旅客不仅要求满足位移的需要，而且要求在接受运输服务的过程中感到舒适。这不仅要求车站、列车整洁文明，餐饮供应符合卫生标准，还要求客车车辆的技术性能要好，车厢内设施齐全，列车运行平稳，客运站除了具备候车、乘降、休息、购物等功能外，还要求引导系统、查询系统、自动检票系统等各种设备都要有良好、完善的服务功能。

综上所述，对于高速铁路运输市场的预测，不但要对国家政策、社会经济等宏观因素进行考虑，还要越来越多地考虑旅客的直接感受，这样才能得出更准确的预测结论。

5）发车时间

发车时间对人们选择交通运输方式的影响主要表现在两个方面：一个是发车频度，另一个则是客运起始时间和终止时间。在短途行程中，列车本身的票面价格是低于同等距离公路公共交通工具的，但由于发车时间的限制，列车只在特定的点完成特定的运输任务，尤其是对于一些铁路运输路网不发达的中小城市，点对点的运输在一天中只有一趟或是两趟，不便于旅客当日往返。公路交通工具则不同，在短距离运输中优势非常明显，临近的县市之间往往有多种类型的许多辆车相互往来，发车时间间隔基本不超过 1 h。在这些地区的运输中，列车的发车频度深刻影响着旅客对交通工具的选择。此外，在特定线路运行中，公路交通的起始时间通常是在清晨 5 点到晚上 9 点之间，基本上符合大众的作息规律，而且由于公路运输的机动性，通常到达目的地的时间也相对能够令人满意。相比之下，列车则属于强规划性的交通运输方式，有时运行线路长，很难确保每一站都在相对合理的时间点到达，午夜或凌晨出发或到达会对人们的出行带来很大的不便，因此发车时间也是影响客运交通工具选择的重要因素之一。

任务小结

高速铁路运输市场预测为高速铁路运输企业决策服务，其目的是提高高速铁路运输企业管理的科学水平，减少高速铁路运输产品与服务决策的盲目性。我们需要通过预测来把握经济发展或者未来市场变化的有关动态，降低决策的风险。

思考与练习

1. 市场预测的特性有哪些？
2. 运输市场预测的原则是什么？
3. 简述高速铁路运输市场预测的影响因素。

项目 4

高速铁路运输市场细分及目标市场选择

🚩 **思政目标**

● 通过学习高速铁路运输市场细分及目标市场选择知识与技能，培养科学、理性的工作观。

📐 引导案例

高速铁路运输市场细分

要提高企业效益就要靠有效的营销手段，而企业自身资源有限，一个企业不可能为整个市场的所有顾客服务，企业必须根据自身的资源状况选择适合自身特点的市场进入，才能在激烈的市场竞争淘汰机制中占得先机。这就必然引出了营销学中一个专业术语——市场细分。

市场细分就是根据顾客对某类商品需求的差异性，将顾客划分为各种顾客群体，需求相似的顾客群体就构成了一个细分的市场。市场细分对于一个企业的必要性也就不言而喻。找到自身的客户群，对客户群体的需求进行归纳划分，才能充分找到适合企业自身的营销特点及企业优势所在，在市场竞争中提供更贴心的服务，才能抓住客户的心思，达到良好的营销效果。

铁路系统自成立以来就占有市场大量份额，其低廉的运输成本及稳定、安全、快捷是其最大的优势，赢得了旅客及货运业主的青睐。面对公路、民航等系统的竞争，高速铁路业必须进行市场细分才能找到自己的目标市场。

市场细分的结果可直接用于指导高速铁路客运产品设计，如针对高端商务旅客，开行列车应以高铁、动车组等高等级列车为主，尽量采用一站直达和大站停的停站方式，尽量提供直达车，减少换乘次数；针对中端商务旅客，采用大站停或择站停的停站方式，除直达车外，还可以提供一定的换乘车，对于通勤流在早晚高峰加大列车开行数量；针对年轻经济型旅客，应以一般动车组类列车为主，尽量考虑择站停的停站方式，除了直达车，还可以提供换乘车方案；针对年长舒适型旅客，应以高等级列车如高铁、动车组为主，停站方案可以考虑旅游资源，以直达车为主，根据旅游淡旺季调整列车开行数量。当然，市场细分还可以指导不同定价方案及销售策略的制定。总之，只有正确识别不同细分市场，获得细分市场旅客的差异化需求，才能对各细分市场采取不同的产品策略，真正树立以旅客为中心，全面满足旅客需求的经营理念，才能使铁路企业在不断变化的激烈竞争中处于优势地位。

任务 4.1　　高速铁路运输市场细分

工作任务

掌握高速铁路客运市场细分的标准。

任务解析

通过对市场细分的概念、标准、程序的学习，掌握高速铁路客运市场细分的标准。

市场细分的概念、作用、标准及程序。

4.1.1　市场细分的概念

市场细分的概念是美国市场学家温德尔·史密斯于 1956 年提出来的。

市场细分是第二次世界大战结束后，在美国众多产品市场由卖方市场转变为买方市场这一新的形势下，企业营销思想和营销战略的新发展，更是企业贯彻以消费者为中心的现代市场营销观念的必然产物。

市场细分是指营销者通过市场调研，依据消费者的需要和欲望、购买行为和购买习惯等方面的差异，把某一产品的整体市场划分为若干消费者群体的市场分类过程。每一个消费者群体就是一个细分市场，每一个细分市场都是具有类似需求倾向的消费者构成的群体。

按照消费者的欲望与需求把因规模过大导致企业难以服务的总体市场划分成若干具有共同特征的子市场，处于同一细分市场的消费群被称为目标消费群。

4.1.2　市场细分的作用

市场细分是市场经济内在矛盾发展的必然要求，是非常重要和必要的。市场细分的作用主要有以下几点。

1. 有利于选择目标市场和制定市场营销策略

市场细分后的子市场比较具体，企业可以根据自己的经营思想、方针，生产技术特点，以及营销实力，确定自己的服务对象，即目标市场。企业针对较小的目标市场，便于制定特殊的营销策略。在细分的市场上，信息容易收集和反馈，一旦消费者的需求发生变化，企业可迅速改变营销策略，制定相应的对策，以适应市场需求的变化，提高企业的应变能力和竞争力。

2. 有利于发掘市场机会，开拓新市场

通过市场细分，企业可以对每一个细分市场的购买潜力、满足程度、竞争情况等进行分析对比，探索出有利于本企业的市场机会，使企业及时做出投产、销售决策或根据本企业的生产技术条件编制新产品开发计划，进行必要的产品技术储备，掌握产品更新换代的主动权，以更好地适应市场的需要。

3. 有利于集中资源投入目标市场

任何一个企业的资源（人力、资金、物力等）都是有限的。通过细分市场，选择适合自己的目标市场，企业就可以集中人、财、物等资源，去争取局部市场上的优势，然后再占领自己的目标市场。

4. 有利于企业提高经济效益

企业通过市场细分，可以面对自己的目标市场，生产出适销对路的产品，既能满足市场

需要，又可增加企业的收入。产品适销对路可以加速商品流转，加大生产批量，降低企业的生产、销售成本，提高生产工人的劳动熟练程度，提高产品质量，全面提升企业的经济效益。

4.1.3 市场细分的标准

市场细分的基础是顾客需求的差异性，所以凡是使顾客需求产生差异的因素都可以作为市场细分的标准。由于各类市场的特点不同，因此市场细分的条件也有所不同。

市场的细分，可以按地理因素、人口统计因素、心理因素和行为因素 4 个角度来进行。

1. 按地理因素细分

按地理因素细分，就是按消费者所在的地理位置、地理环境等变量来细分市场。因为处在不同地理环境下的消费者，对于同一类产品往往会有不同的需要与偏好，例如，对自行车的选购，城市居民喜欢款式新颖的轻便车，而农村居民则喜欢坚固耐用的车型等，因此，对消费品市场进行地理细分是非常必要的。

（1）地理位置。市场可以按照行政区划来进行细分，如在我国，市场可以划分为东北、华北、西北、西南、华东、华中和华南等市场，还可以进一步划分为省（自治区）、市、县等市场；按地理区域来进行细分，市场可以划分为内地、沿海等市场。在不同地区，消费者的需求显然存在较大差异。

（2）城镇大小。按城镇大小，市场可划分为大城市、中等城市、小城市和乡镇等市场。处在不同规模城镇的消费者，在消费结构方面存在较大差异。

（3）地形和气候。市场按地形可划分为平原、丘陵、山区等市场；按气候可分为热带、亚热带、温带、寒带等市场。防暑降温、御寒保暖之类的消费品就可按不同的气候带来划分市场。如在我国北方，冬天气候寒冷、干燥，加湿器很有市场；但在江南，由于空气中湿度大，基本上不存在对加湿器的需求。

2. 按人口统计因素细分

按人口统计因素细分，也就是按年龄、性别、职业、收入、家庭人口、家庭生命周期、民族、宗教、国籍等变量，将市场划分为不同的群体。由于人口变量比其他变量更容易测量，且适用范围比较广，因而人口变量一直是细分消费品市场的重要依据。

1）年龄

不同年龄段的消费者，由于生理、性格、爱好、经济状况的不同，对消费品的需求往往存在很大的差异。例如，可按年龄将市场划分为许多各具特色的消费者群体，如儿童市场、青年市场、中年市场、老年市场等。

2）性别

按性别可将市场划分为男性市场和女性市场。不少商品在用途上有明显的性别特征。如男装和女装、男表与女表。在购买行为、购买动机等方面，男女之间也有很大的差异，如妇女是服装、化妆品、节省劳动力的家庭用具、小包装食品等市场的主要购买者，男士则是香烟、饮料、体育用品等市场的主要购买者。美容美发、化妆品、珠宝首饰、服装等许多行业，一般按性别来细分市场。

3）收入

收入的变化将直接影响消费者的需求欲望和支出模式。根据平均收入水平的高低，可将消费者划分为高收入、次高收入、中等收入、次低收入、低收入五个群体。收入水平高的消费者会比收入水平低的消费者购买更多高价的产品，如钢琴、汽车、空调、豪华家具、珠宝首饰等；收入水平高的消费者一般喜欢到大百货公司或品牌专卖店购物，收入水平低的消费者则通常在住地附近的商店、仓储超市购物。汽车、旅游、房地产等行业一般按收入来细分市场。

4）民族

世界上大部分国家都拥有多种民族，我国更是一个多民族的大家庭，除汉族外，还有55个少数民族。这些民族都有自己的传统习俗、生活方式，从而呈现出各种不同的商品需求。按民族这一细分因素将市场进一步细分，才能满足各族人民的不同需求，并进一步扩大企业产品的销售量。

5）职业

不同职业的消费者，由于知识水平、工作条件和生活方式等方面的不同，其消费需求存在很大的差异，如教师比较注重书籍、报刊等方面的需求，文艺工作者则比较注重美容、服装等方面的需求。

6）教育状况

受教育程度不同的消费者，在兴趣、生活方式、文化素养、价值观念等方面都会有所不同，这会影响他们所购买商品的种类、购买行为、购买习惯等。

7）家庭人口

根据人口数量，家庭可分为单身家庭（1人）、单亲家庭（2人）、小家庭（2～3人）、大家庭（4人及4人以上）。家庭人口数量不同，在住宅大小、家具、家用电器乃至日常消费品的包装大小规格等方面都会出现需求差异。

3. 按心理因素细分

按心理因素细分，就是按生活方式、性格、购买动机等因素将消费者细分成不同的群体。

1）生活方式

越来越多的行业，如服装、化妆品、家具、娱乐等行业，重视按人们的生活方式来细分市场。生活方式是人们在工作、消费、娱乐等方面的特定习惯和模式，不同的生活方式会产生不同的需求偏好，如"传统型""新潮型""节俭型""奢侈型"等。这种细分方法能显示不同群体对同种商品在心理需求方面的差异性，例如有的服装公司就把妇女划分为"朴素型妇女""时髦型妇女""男子气质型妇女"三种类型，分别为她们设计不同款式、颜色和材质的服装。

2）性格

消费者的性格与产品的销量有很大的关系。性格可以用外向与内向、乐观与悲观、自信与顺从、保守与激进、热情与老成等词语来描述。性格外向、容易感情冲动的消费者往往喜欢表现自己，因而他们喜欢购买能表现自己个性的产品；性格内向的消费者则往往购买比较平常的产品；富于创造性和冒险心理的消费者，则对新奇、刺激性强的商品特别感兴趣。

3）购买动机

消费者购买产品主要有求实、求廉、求新、求美、求名、求安等动机，这些都可作为市场细分的变量。例如，有人购买服装是为了遮体保暖，有人是为了追求美丽，有人则是为了体现自身的经济实力，等等。

4. 按行为因素细分

按行为因素细分，就是按照购买时间、购买数量、购买频率、购买习惯（对品牌的忠诚度）等因素来细分市场。

1）购买时间

许多产品的消费具有时间性，如烟花爆竹的消费主要集中在春节期间，月饼的消费主要集中在中秋节之前，旅游点在旅游旺季生意最兴隆。企业可以根据消费者产生需要、购买或使用产品的时间进行市场细分，如航空公司在寒、暑假期间大做广告，实行优惠票价，以吸引师生乘坐飞机外出旅游；商家在酷热的夏季大做空调广告，以有效地增加销量；双休日商店的营业额大增，而在元旦、春节期间，销售额则更大；等等。企业可根据消费者的购买时间对市场进行细分，在适当的时候加大促销力度，采取优惠价格，以促进产品的销售。

2）购买数量

消费者根据购买数量可分为大量消费者、中量消费者和少量消费者。大量消费者人数不一定多，但消费量大，许多企业以此为目标市场。如文化用品的大量购买者是知识分子和学生，化妆品的大量购买者是青年妇女等。

3）购买频率

根据购买频率可将消费者分为经常购买消费者、一般购买消费者、不常购买消费者（潜在消费者）。如铅笔，小学生经常购买，高年级学生按正常频率购买，而工人、农民则不常买。

4）购买习惯（对品牌的忠诚度）

根据购买习惯可将消费者划分为坚定的品牌忠诚者、多品牌忠诚者、转移的品牌忠诚者、无品牌忠诚者等。例如，有的消费者忠诚于某些产品，如尼康相机、海尔电器、中华牙膏等；有的消费者忠诚于某些企业的服务，如东方航空公司、某某酒店或饭店等，或忠诚于某一个机构、某一项事业等。为此，企业必须辨别对本企业忠诚的顾客，以便更好地满足他们的需求，必要时给忠诚的顾客以某种形式的回报或鼓励，如给予一定的销售折扣。

4.1.4　市场细分的程序

市场细分是一个比较、分类、选择的过程，应该按照一定的程序来进行，一般来说，有如下几步。

1. 正确选择市场范围

企业根据自身的经营条件和经营能力确定进入市场的范围，如进入什么行业，生产什么产品，提供什么服务。

2. 列出所有潜在消费者的需求情况

根据细分标准，全面地列出潜在消费者的基本需求，作为深入研究的基本资料和依据。

3. 分析潜在消费者的不同需求，初步划分市场

企业通过抽样调查进一步搜集市场信息与消费者的背景资料，然后初步划分出一些差异较大的细分市场。

4. 筛选

对所有细分市场进行分析研究，剔除不符合要求、无用的细分市场。

5. 确定细分市场类型

为便于操作，可结合各细分市场上消费者的特点，用形象化、直观化的方法确定细分市场的类型。

6. 复核

进一步对所选择的细分市场进行调查研究，充分认识细分市场的特点，例如细分市场的规模、潜在需求等。

7. 选定目标市场

企业在各细分市场中选择与本企业经营优势和特色相一致的细分市场，将其作为目标市场。没有实施这一步，就没有达到细分市场的目的。

经过以上 7 个步骤，企业便完成了市场细分的工作，就可以根据自身的实际情况确定目标市场并采取相应的目标市场策略。

4.1.5　高速铁路客运市场细分的标准

高速铁路客运市场细分是指高速铁路运输企业根据旅客运输需求和行为的差异性，将高速铁路客运整体市场分为若干个旅客群体的过程。高速铁路客运市场之所以可以细分，是由于旅客运输需求具有差异性，而这些差异性是由多种因素造成的，这些因素也就成了高速铁路客运市场细分的依据。客运市场可按以下方法进行细分。

1. 根据旅客行程细分

对不同旅行距离的旅客进行分类，可以将高速铁路客运市场分为长途（长距离）客运子市场、中途（中距离）客运子市场和短途（短距离）客运子市场。

2. 根据旅客出行目的细分

旅客出行的目的差异性较大，归纳起来主要有出差、探亲、旅游等，相应地，高速铁路客运市场可以分为出差子市场、探亲子市场、旅游子市场等。

3. 根据地理位置细分

我国是一个幅员辽阔的国家，不同地区的人口密度、经济发展水平、工业化发展程度等具有很大的差异，因此不同地区旅客的消费水平、消费需求也不同。如根据行政区划来进行细分，高速铁路客运市场可以分为东北子市场、东南子市场、中部子市场、西北子市场和西南子市场等，还可以进一步细分为各省级子市场。

4. 根据旅客收入水平细分

旅客的收入具有显著的差异，其对旅客选择出行方式有较大的影响。根据旅客收入水平，高速铁路客运市场可以分为高收入子市场、中高收入子市场、中等收入子市场、中低收入子市场及低收入子市场。

5. 根据旅客对运输时效性的要求细分

随着社会的快速发展，信息传播速度及生活节奏的加快，人们的时间观念与过去相比有了较大的变化，因此旅客对各种运输方式均提出了旅行速度和时间准确程度等方面的要求，不同的旅客可以根据自身的具体需求进行选择，据此，高速铁路客运市场细分为高速子市场（时速 350 km）、准高速子市场（时速 200～250 km）。

6. 根据旅客对舒适度的要求细分

随着人民生活水平的提高和生活条件的改善，旅客对运输的要求已不仅是满足到达目的地及一些基本的需求（如有座位、有水喝、有饭吃、能上卫生间等），而是呈现出多样性及高层次的特点，越来越多的旅客希望在旅行过程中享受一定程度的舒适服务。例如，有的旅客希望高速铁路运输企业销售可口的饭菜、提供周到的服务、能上网等，据此，高速铁路客运市场可细分为高舒适度子市场（商务座子市场）、较高舒适度子市场（一等座子市场）、一般舒适度子市场（二等座子市场）等。

7. 根据旅客旅行径路性质细分

根据旅客旅行径路性质，可将高速铁路客运市场细分为高速铁路干线（"八纵八横"主干高速铁路网）子市场、高速铁路支线（城际铁路网）子市场等。

高速铁路客运市场还可以按照其他因素进行细分，如根据旅客的年龄、职业等划分出不同的子市场。

任务小结

企业进行市场细分的目的是通过对顾客需求差异的定位，来取得较大的经济效益。众所周知，产品的差异化必然导致生产成本和推销费用的不同，所以，企业必须在市场细分所得收益与市场细分所增成本之间作出权衡。

思考与练习

1. 解释市场细分的概念。
2. 如何理解客运市场细分的标准？

任务 4.2　高速铁路运输企业目标市场选择

工作任务

掌握高速铁路客运目标市场的相关知识。

任务解析

通过对目标市场概念、目标市场选择策略等知识的学习，掌握高速铁路运输企业目标市场营销策略的相关知识。

相关知识

目标市场的概念、目标市场的选择与营销策略、目标市场选择的影响因素。

4.2.1　目标市场的概念

美国著名的营销学大师麦卡锡提出了应把消费者看作一个特定的群体（即目标市场）的观点。通过市场细分，有利于明确目标市场；通过目标市场营销策略的应用，有利于满足目标市场的需要。目标市场就是通过市场细分后，企业准备以相应的产品和服务满足其需要的一个或几个子市场。

4.2.2　目标市场选择策略

1. 市场集中化策略

企业选择一个细分市场，集中力量为之服务，采用有针对性的产品、价格、渠道和促销策略，从而获得强有力的市场地位和良好的声誉，但同时采用市场集中化策略也隐含着较大的经营风险。

2. 产品专门化策略

企业集中生产一种产品，并向所有顾客销售这种产品。例如服装厂商向青年、中年和老年消费者销售高档服装，即为不同的顾客提供不同种类的高档服装产品，而不生产消费者需要的其他档次的服装产品，这样，企业在高档服装产品方面树立了很高的声誉，但一旦出现其他品牌的替代品或消费者流行偏好的转移，企业将面临巨大的威胁。

3. 有选择的专门化策略

企业着力于满足几个细分市场，但各细分市场彼此之间很少或根本没有联系。有选择的专门化策略能分散企业经营风险，即使其中某个细分市场经营效果不佳，企业还能在其他细分市场盈利。

4. 完全市场覆盖策略

企业力图用各种产品满足各种顾客群体的需求，即以所有的细分市场作为目标市场，例如服装厂商为不同年龄层次的顾客提供各种档次的服装。一般只有实力强大的大企业才能采用这种策略。

铁路企业作为大型运输企业集团，有自己的优势，但也有本身的局限性，是否能将整个运输市场变为目标市场，提供适销对路的产品，很值得研究。

4.2.3　目标市场营销策略

选择目标市场，明确企业应为哪一类用户服务，满足他们的哪一种需求，是企业在营销活动中的一项重要策略。主要的目标市场选择策略有以下几种。

1. 无差别性市场营销策略

无差别性市场营销策略是指企业把整个市场作为自己的目标市场，只考虑市场需求的共性，而不考虑其差异，运用一种产品、一种价格、一种推销方法，吸引尽可能多的消费者。美国可口可乐公司自 1886 年成立以来，一直采用无差别市场策略，生产一种口味、一种配方的产品满足世界百余个国家和地区的需要，这种产品被称作"世界性的清凉饮料"。采用无差别市场策略，产品在内在质量和外在形式上必须有独特风格，才能得到多数消费者的认可，从而保持相对的稳定性。

这种策略的优点是产品单一，容易保证质量，能大批量生产以降低生产和销售成本，但如果同类企业也采用这种策略时，必然形成激烈的竞争。

2. 差别性市场营销策略

差别性市场营销策略是指把整个市场细分为若干子市场，针对不同的子市场，设计不同的产品，制定不同的营销策略，满足不同的消费需求。如美国有的服装企业，按生活方式把妇女分成三种类型：时髦型、另类型、朴素型。时髦型妇女喜欢把自己打扮得华贵、艳丽，引人注目；另类型妇女喜欢打扮得超凡脱俗，卓尔不群；朴素型妇女购买服装讲求经济实惠，价格适中。这些企业根据不同类别妇女的不同偏好，有针对性地设计出不同风格的服装，使产品对各类消费者更具有吸引力。又如某自行车企业，根据销售区域的地理位置，消费者的年龄、性别，将市场细分为几个子市场：农村市场，因要运输货物，要求牢固耐用，载重量大；城市男青年市场，要求快速、样式好；城市女青年市场，要求轻便、漂亮、闸灵。针对每个子市场的特点，该自行车企业须制定不同的市场营销组合策略。

这种策略的优点是能满足不同消费者的不同需求，有利于扩大销售、占领市场、提高企业声誉。其缺点是由于产品差异化、促销方式差异化，增加了管理难度，提高了生产和销售费用。目前只有力量雄厚的大公司采用这种策略。如青岛双星集团公司，生产多品种、多款式、多型号的鞋，满足国内外市场的多种需求。

3. 集中性市场营销策略

集中性市场营销策略是指在细分后的市场上，选择两个或少数几个细分市场作为目标市场，实行专业化生产和销售，在个别少数市场上发挥优势，提高市场占有率。集中性市场营销策略是大部分中小型企业应当采用的策略。

采用集中性市场营销策略，能集中优势力量，有利于降低成本，提高企业和产品的知名度，但采用这种策略有较大的经营风险，因为它的目标市场范围小，品种单一，如果目标市场的消费者需求和爱好发生变化，企业就可能因应变不及时而陷入困境。同时，当强有力的竞争者进入目标市场时，企业就要受到严重影响。因此，许多中小企业为了分散风险，仍会选择一定数量的细分市场作为自己的目标市场。

三种目标市场营销策略各有利弊。选择目标市场进行营销时，必须考虑企业面临的各种因素和条件，如企业规模、原料的供应、产品类似性、市场类似性、产品生命周期等。

选择适合本企业的目标市场营销策略是一项复杂的工作。企业内部条件和外部环境在不断发展变化，经营者要不断通过市场调查和预测，掌握和分析市场变化趋势与竞争对手的条件，扬长避短，发挥优势，把握时机，采取灵活的、适应市场态势的策略，去争取较大的利益。

4.2.4 目标市场选择的影响因素

企业在选择目标市场营销策略时，还应注意以下几个影响因素。

1. 企业的特点

资源雄厚的企业，拥有大规模的生产能力、广泛的分销渠道、产品标准化程度很高、产品质量和品牌信誉很好，可以考虑实行无差别性市场营销策略；如果企业拥有雄厚的设计能力和强大的管理能力，则可以考虑施行差别性市场营销策略；而对实力较弱的中小企业来说，可集中力量进行集中性市场营销策略。企业初次进入市场时，往往采用集中性市场营销策略，在积累了一定的成功经验后再采用差别性市场营销策略或无差别性市场营销策略，以扩大市场份额。

2. 产品的特点

产品的同质性表明了产品在性能、特点等方面的差异性的大小，是企业选择目标市场时必须考虑的因素之一。一般对于同质性高的产品如食盐等，宜施行无差别性市场营销策略；对于同质性低或异质性产品，差别性市场营销策略或集中性市场营销策略是恰当的选择。

3. 市场的特点

供与求是市场中两大基本力量，它们的变化趋势往往是决定市场发展方向的根本因素。产品供不应求时，企业重在扩大供给，无暇考虑需求差异，所以采用无差别性市场营销策略；产品供过于求时，企业为刺激需求、扩大市场份额殚精竭虑，多采用差别性市场营销或集中性市场营销策略。

4. 产品所处的不同生命周期阶段

产品处于投入期或成长期的前半期时，由于企业难以推出多种产品，同时竞争者也少，因此宜采用无差别性营销策略；在产品处于成长期后半期或成熟期时，企业应采取差别性营销策略；当竞争者强大，产品处于衰退期时，企业就应采取集中性营销策略了。

5. 竞争对手的营销策略

如竞争对手采用无差别性市场营销策略，企业则可选用差别性市场营销策略或集中性市场营销策略以发挥自身优势。高速铁路运输企业在选择目标市场营销策略时，往往要视竞争对手采取何种营销策略而定。如果竞争对手采取无差别性市场营销策略，本企业也可以采取无差别性市场营销策略，或者反其道而行之，采取差别性市场营销策略，以提高产品的竞争能力，在有效的运输市场细分的基础上，争夺更为关键的运输子市场。如果竞争对手已采用差别性市场营销策略或集中性市场营销策略，这时本企业若采用无差别性市场营销策略，就难以与之抗衡，应进一步细分运输市场，实行更有效的差别性市场营销策略或集中性市场营销策略，突出本企业产品与竞争对手产品的差异性，从而提高本企业产品的市场占有率，使本企业在激烈的市场竞争中占据优势地位。

6. 市场营销的宏观环境

市场营销的宏观环境，如国家的政治与法律环境、经济发展状况、物价水平与税率、投资方向与存款利息等因素，不同程度地影响着旅客的运输需求，因此，营销的宏观环境也是高速铁路运输企业选择目标市场营销策略时不可忽视的重要因素。

企业应慎重选择目标市场营销策略，目标市场营销策略一旦确定，应该相对稳定，不能朝令夕改，但目标市场营销策略的灵活性也不容忽视，没有永恒正确的策略，一定要密切注意市场需求的变化和竞争态势。企业应在了解各种策略优缺点的基础上，通过对各因素的分析、权衡，最后确定一段时期内的目标市场营销策略。

4.2.5　铁路客运目标市场

铁路旅客运输具有运量大、安全舒适、受气候和地理因素影响小、票价低、速度快等优点，但旅客需要经过购票、候车、进站、上车、下车、出站等多个环节，不够便利和灵活。

铁路运输企业应在客运市场细分的基础上，依托市场调查和预测，结合自身的特点和能力条件，确定企业的客运目标市场。

客流调查显示，行程超过 500 km 时，有 58%的旅客愿意选择铁路；中等及以下收入群体，大多数坐火车旅行，因此，铁路运输企业应采用差别性目标市场策略。在确定目标市场时，普速铁路以中低收入旅客为主，高速铁路以中高收入旅客为主。当然，目标市场并不是一成不变的，企业应根据顾客需求的变化、竞争对手的变化和企业自身情况的变化随时进行调整。

4.2.6　高速铁路客运目标市场

选择高速铁路出行的旅客，价格敏感度相对偏低，他们更加注重出行的快捷、舒适及安全。根据文献研究和市场调研的结论，在收集不同目标市场旅客的利益诉求、出行特征、人口统计特征、出行目的等信息后，对这些信息进行分析，总结出以下高速铁路客运目标市场的主要特征。

1. 年龄

高速铁路旅客年龄分布呈现年轻化趋势，多数为中青年，学生客源近年也有所增加。

2. 职业

高速铁路旅客的职业以商务人士、公务员及事业单位工作人员为主。

3. 收入水平

选择高速铁路出行的旅客多数属于中高收入人群。

4. 出行目的

高速铁路旅客出行目的多为公务、商务出差，旅游和探亲，其中公务、商务出差占比非常高。

通过分析高速铁路客运目标市场的特征，了解旅客的收入水平、价格敏感度、利益诉求等特征，有利于制定有效的营销策略。

任务小结

作为运输企业，并非所有的市场机会都具有相同的吸引力，或者说，并不是每一个运输子市场都是该运输企业愿意和能够进入的。对于高速铁路运输企业来讲，由于资源和能力有限，企业必须合理、有效地利用各种资源，其营销活动也必然限定在一定范围内，只能满足运输市场中一部分旅客的需要。目标市场选择的正确与否直接关系到高速铁路运输企业的经营成败。

思考与练习

1. 什么是目标市场？
2. 如何理解企业目标市场的选择策略？
3. 目标市场选择的影响因素有哪些？

任务 4.3　高速铁路客运产品的市场定位

工作任务

掌握高速铁路客运产品的市场定位知识。

任务解析

通过对市场定位的概念、原则、影响因素、策略知识的学习，掌握高速铁路客运产品的市场定位知识。

相关知识

市场定位的概念、原则、影响因素、策略。

任务实施

4.3.1　市场定位的概念

市场定位是在 20 世纪 70 年代由美国营销学界提出来的，其含义是指企业根据竞争者现有产品在市场上所处的位置，针对消费者对该类产品某些特征或属性的重视程度，为本企业产品塑造与众不同的、给人印象鲜明的形象，并将这种形象生动地传递给消费者，从而使该产品在市场上确立适当的位置。

市场定位的实质是使本企业与其他企业严格区分开来，使消费者明显感觉和认识到这种差别，从而使本企业在消费者心目中占有特殊的位置。

市场定位的目的是使企业的产品和形象在目标消费者的心理上占据一个独特的、有价值的位置。

4.3.2　市场定位的原则

各个企业经营的产品不同，面对的消费者也不同，所处的竞争环境也不同，因而市场定位所依据的原则也不同。总的来讲，市场定位所依据的原则有以下四点。

1. 根据具体的产品特点定位

构成产品内在特色的许多因素都可以作为市场定位所依据的原则。比如所含成分、质量、价格等。"七喜"汽水的定位是"非可乐"，强调其是不含咖啡因的饮料，与可乐类饮料不同。

2. 根据特定的使用场合及用途定位

为老产品找到一种新用途,是为该产品创造新的市场定位的好方法。

3. 根据顾客得到的利益定位

产品提供给消费者的利益是消费者最能切身体验到的,也可以将其用作定位的依据。1975 年,美国米勒公司推出了一种低热量的"Lite"牌啤酒,将其定位为喝了不会发胖的啤酒,迎合了那些经常饮用啤酒而又担心发胖的人的需要。

4. 根据使用者类型定位

企业常常试图将其产品指向某一类特定的消费者,以便根据这些消费者的看法塑造恰当的形象。美国米勒啤酒公司曾将其"高生"品牌的啤酒定位为"啤酒中的香槟",吸引了许多不常饮用啤酒的高收入女性消费者。

4.3.3 市场定位的影响因素

不同的企业会采用不同的方式进行产品的市场定位,当然有时同一个企业也会运用不同的方式对产品进行市场定位,但要保证定位的排他性特征。影响企业定位的主要因素有产品属性、产品性价比、产品功能、产品使用者、产品类别和竞争者。

1. 产品属性

每个产品都有其不同的属性,企业可以依据产品鲜明的属性特征进行定位。例如,感冒药"白加黑"的产品属性特征是白天服用白色的药片,晚上服用黑色的药片,于是企业就将该产品属性特征清晰地用在了它的产品名称即"白加黑"和广告语"白天吃白片,晚上吃黑片"上。企业通过这种定位有效地将本企业生产的感冒药与竞争企业的产品加以区别。

2. 产品性价比

产品性价比是一种产品区别于另一种产品的重要特征,基于产品性价比优势进行市场定位是一种有效的定位方式。例如,顶新集团将其方便面品牌"福满多"定位为价廉物美的产品,将"康师傅"方便面定位为高品质产品。

3. 产品功能

强调产品独特的功能会吸引相当一部分消费者,其原因在于现在的消费者越来越追求具有独特功能的产品。例如,消费者越来越重视手机的拍照功能,于是,许多企业就以其手机强大的拍照功能进行产品定位。

4. 产品使用者

不同的使用者对产品有不同的需求,不同类型的产品应满足不同使用者的需求。

5. 产品类别

企业可以根据产品类别的不同(如餐饮类、卫生用品类等)进行产品的市场定位,以突出不同产品种类的差异。产品类别和特定需求能使消费者直接产生品牌联想。例如,由快餐联想到麦当劳。

6. 竞争者

针对竞争者的定位确立本企业产品的市场定位也是一种有效的定位方法。在快餐业,麦当劳与肯德基是一对强劲的竞争对手,针对麦当劳服务标准化的定位特点,肯德基提出了"鸡肉烹调专家"的差异定位策略。

4.3.4 市场定位的策略

市场定位的核心是要与众不同，即差异化，所以市场定位的策略可以从以下几方面考虑。

1. 产品差别化

1）质量差别化

企业生产高品质的产品，以质量求生存。例如，奔驰车、华为手机、雅戈尔西服、联想计算机、海尔电器等名牌产品的品质一般要比同类产品的质量更好。

2）价格差别化

与竞争对手保持不一样的价格以获得自身的某种定位。

3）款式差别化

服装、家具、手机等产品，很注重款式的差别。

4）功能差别化

具备竞争产品没有的功能，或者功能更为优化以获得自身的某种定位。一些技术含量高、发展快的产品，很注重功能差别化。

5）顾客群体差别化

如劳力士手表定位于事业有成的高薪人士；高速铁路商务座定位于高级商务人士。

6）使用场合差别化

某些产品特别强调在某种特殊的场合下使用，如喜临门酒、双喜牌香烟。

7）分销渠道差别化

建立本企业独特的分销渠道体系，以获得自身的某种定位。例如同样是生产空调的企业，海尔、格力、奥克斯等品牌的分销渠道有很大的不同。

8）广告等促销方式差别化

同类产品，采用与众不同、独具特色的广告形式和其他促销方式，以获得自身的某种定位。

作为企业来说，要将各种差别化手段进行有效的组合，以使自身的产品更具辨识度。

2. 服务差别化

服务差别化是本企业向目标市场提供与竞争对手不同的服务。现代企业的竞争，既是产品的竞争，同时又是服务的竞争。消费者特别重视厂家及商家提供的服务。如果一个企业提供的服务不理想，很可能影响消费者再一次购买，同时，消费者可能会将这种不满意传播给其他的消费者，进而影响其他消费者购买。

3. 企业形象差别化

企业形象是一个十分广泛的概念，涉及企业的厂容、厂貌、建筑、设备、产品、员工、经营理念、价值观念、广告等。企业的形象在消费者心目中是一个总体的印象。企业要树立良好的企业形象和形成良好的企业文化，这有利于企业的长远发展。

4.3.5 铁路客运产品的市场定位

铁路客运产品的市场定位，实际上就是要在旅客的心目中，为运输企业和运输产品塑造一定的特色以适应旅客的需求和偏好。

通过调查和分析可知，旅客主要对旅行时间、旅行速度、旅行时段、舒适程度、票价、服务质量、方便性（包括购票、乘车等）等因素较为关注。不同的旅客群体对以上因素的重视程度亦不相同。例如，商务客流较重视旅行时间、旅行时段及服务质量，票价则相对较少关注；打工客流则较重视票价，对于其他因素的重视程度一般；学生客流具有较强的集中性，寒、暑假期间流量很大，较重视票价、旅行时间、方便性，对其他因素的重视程度一般。各运输企业可根据本企业运输产品的目标市场，针对旅客的需求和对产品特性的重视情况，为本企业和本企业的运输产品塑造出特殊的形象，如性价比高、速度快、服务热情周到、舒适等，以争取更多的客流。

4.3.6　高速铁路客运产品的市场定位

铁路的优势是成本低、运量大、安全系数高，但是在运距上只有中长途具有明显的优势，短途不如公路，长途不如航空。因此，曾经的铁路客运市场定位是牢牢抓住中长途客流，而适当放弃部分长途、短途客流。随着时速 200～350 km 动车组列车的开行，使铁路对获取更多短途、长途客流充满了信心。"短平快"的城际运输模式使铁路在短途客运市场上占有了一席之地。在 1 000 km 范围内，高速铁路与民航相比，其优势较为明显。随着高速铁路的发展，航空的优势在减小，但高速铁路列车的服务质量明显不如航空，这是高速铁路企业需要重点改进的地方。

高速铁路的发展，势必对中国的运输市场带来影响，但这个影响是非常有益的。首先，高速铁路作为一种新的铁路运输产品，对中国综合交通运输体系是一个很重要的补充。公路运输可以实现"门到门"，是最方便的。民航在长距离运输中有最快捷的优势。高速铁路既快捷，也很舒适，对于旅客来说性价比很高。其次，在 1 000 km 左右的范围内，高速铁路的优势是最显著的，对其他运输方式会带来一定的压力，但这种竞争是良性的，是互相促进的。随着工业化、城镇化的快速发展，今后人员流动的频率会大幅度增长，所以，未来我国的客运市场是非常巨大的，需求是极其旺盛的。无论是高速铁路，还是普速铁路、公路、民航，在这个非常庞大的市场当中都会实现更大的发展。

综上所述，中国高速铁路目前的市场定位应该是充分发挥自己的优势，占领中、长途市场，开发高档次、休闲、舒适的精品列车以开拓超长途市场，以"短平快"的动车组列车占领城际间的短途市场。

任务小结

市场定位是高速铁路运输企业市场营销策略的重要组成部分。在目标市场中，往往还有其他运输企业的产品参与竞争，企业要想获得更好的生存、发展机会，就必须了解目标市场上竞争企业的实力、经营特点和市场定位等情况，从而确定本企业的市场定位策略。

思考与练习

1. 什么是市场定位？
2. 市场定位的原则有哪些？
3. 简述高速铁路客运产品的市场定位。

项目 5

高速铁路运输产品策略

🚩 **思政目标**

● 通过学习高速铁路运输市场产品策略知识与技能，体会"人民铁路为人民"铁路服务宗旨。

引导案例

客运市场满足的是旅客对出行的需求，而这一需求通常情况下都是与旅客在其他领域的消费需求不可分割的，可能会联系到旅游市场、酒店住宿、餐饮以及对其他交通工具的应用等。开发客运新产品就是要针对旅客的这些根本需求进行深入分析，为旅客提供更加优质舒适的服务。如对于一些高端的商旅客户，他们对价格的敏感度不高，而对旅行过程的舒适度及品质要求相对较高，为此铁路客运可以开发高端豪华的夕发朝至的商旅列车，为其提供舒适的、酒店级的服务等。近年来，铁路系统秉持"人民铁路为人民"的初心，开发了多种满足人民群众出行的高速铁路运输产品，其中计次票、定期票是典型代表。

计次票、定期票是铁路部门推出的新型票制产品，持有者可在规定的有效期内，乘坐规定次数的、购买产品时指定发到站及席别的列车。乘客可通过 12306 网站和铁路 12306 手机 App 实名购买。

自 2020 年 12 月 24 日起，铁路部门在成渝高铁、京沪高铁试行推出计次票和定期票产品。京沪高铁计次票产品介绍如图 5-1 所示。

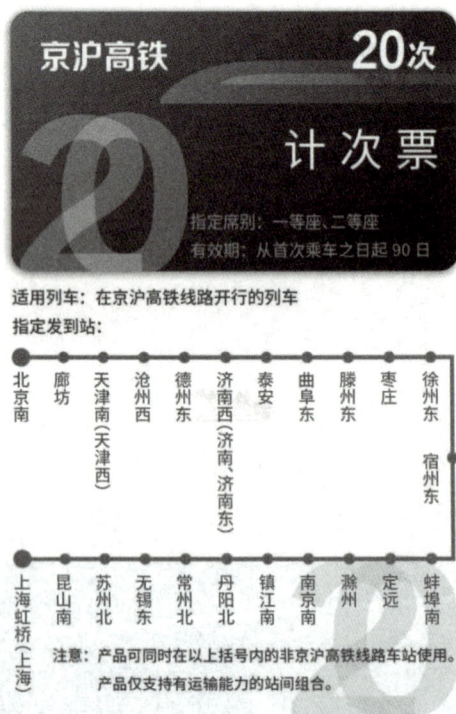

图 5-1 京沪高铁计次票产品介绍

2021 年 4 月 30 日，南广高铁推出 20 次计次票业务，旅客可在 90 天内乘坐 20 次指定席别（一等座或二等座），往返于南广高铁沿线的南宁、南宁东、宾阳、贵港、桂平、平南南、藤县、梧州南、郁南、南江口、云浮东、肇庆东、三水南、佛山西、广州南 15 个客运车站。

自 2021 年 8 月 18 日起，广深、广珠及珠机城际铁路同步推出"计次票"和"定期票"两种灵活便捷、经济实惠的新型票制产品。

2021 年 8 月 30 日，中国铁路成都局集团有限公司成都车站获悉，成灌铁路将于 9 月 1 日起推出"计次票"和"定期票"两种新型票制产品。用户购买成灌铁路 20 次计次票后，可通过席位预约和直接刷证两种使用方式，在 90 天有效期内，乘坐 20 次在成灌铁路开行的、购买产品时指定发到站和指定席别的列车。用户购买成灌铁路 30 日定期票后，可在 30 天有效期内，最多乘坐 60 次在成灌铁路开行的、购买产品时指定发到站和指定席别的列车。

据悉，选择"计次票"和"定期票"均在原有票价上享受一定的折扣优惠，并且不需要一次次买票，只需携带身份证即可进站乘车。

自 2021 年 8 月 31 日起，铁路部门在京沈高铁（含喀赤高铁）、沈丹高铁一等座、二等座席位推出了计次票。

自 2022 年 1 月 10 日起，青藏集团公司在拉萨至林芝间拉萨、山南、加查、朗县、米林、林芝 6 个车站开通 20 次计次票。

2022 年，中老铁路昆磨段推出计次票和定期票。

2022 年，京港高铁昌深段推出定期票和计次票。

2022 年 9 月 8 日，沪昆高铁南昌至长沙段正式开通 30 日定期票、20 次计次票业务，进一步方便高铁沿线商务差旅和通勤旅客出行。购买 20 次计次票的旅客，可在 90 天有效期内，最多乘坐 20 次在沪昆高铁南昌至长沙段线路开行的列车。

任务 5.1　高速铁路运输产品策略概述

工作任务

掌握产品的概念及特点。

任务解析

通过对产品的概念及特点的学习，掌握高速铁路客运产品策略的相关知识。

相关知识

产品的概念、产品的分类、产品的特点、产品的质量、客运延伸服务、产品组合策略。

任务实施

5.1.1　产品的概念

关于产品的概念，有狭义和广义之分。狭义的观点认为产品只是指有形的劳动生产物，是实实在在的物体，其看得见、摸得着，比如手机、衣服、汽车等。广义的观点认为，产品的概念是多层次的，即产品是由劳动创造出来的，能够供应市场，被人们使用和消费，并能满足人们某种需求的任何东西，包括有形的物品、无形的服务，以及它们的组合。

20世纪90年代以来，菲利普·科特勒等学者倾向于使用五个层次来表述产品的整体概念，他们认为五个层次的表述方式能够更深刻、更准确地表述产品的整体概念。产品整体概念的五个基本层次如下。

（1）核心产品。核心产品是指向消费者提供的产品的基本效用或利益。从根本上说，每一种产品实质上都是为解决问题而提供的服务。营销人员向消费者销售任何产品，都必须具有反映消费者核心需求的基本效用或利益。

（2）形式产品。形式产品是指核心产品借以实现的形式，其由五个特征构成，即品质、式样、特征、商标及包装。即使是纯粹的服务，也具有相类似的形式上的特点。

（3）期望产品。期望产品是指购买者在购买产品时期望得到的与产品密切相关的一整套属性和条件。

（4）延伸产品。延伸产品是指消费者购买形式产品和期望产品时附带获得的各种利益的总和，包括产品的安装、维修、送货、技术培训等。国内外很多企业的成功，在一定程度上应归功于其能更好地认识到服务在产品整体概念中所占的重要地位。

（5）潜在产品。潜在产品是指现有产品包括所有附加产品在内的，可能发展成为未来最终产品的潜在状态的产品。潜在产品指出了现有产品可能的演变趋势和前景。

因此，产品实际上包含了五个基本层次，这五个层次组成了产品的整体概念。清楚地了解产品的五个基本层次，对于企业开发与生产新产品、实施产品策略具有非常重要的意义。

5.1.2　产品的分类

从市场营销的角度出发，可将产品分为以下几个类别。

1. 软件

软件由信息组成，是通过支持媒体表达的信息所构成的一种智力创作，通常是无形产品，并可以方法、记录或程序的形式存在。如计算机程序、字典、信息记录等。

2. 硬件

硬件通常是有形产品，是不连续的具有特定形状的产品。如电视机、元器件、建筑物、机械零部件等。

3. 流程性材料

流程性材料通常是有形产品，是将原材料转化成某一特定状态的有形产品。

4. 服务

服务通常是无形的，是为满足顾客的需求，供方（提供产品的组织和个人）和顾客（接受产品的组织和个人）之间在接触时的活动及供方内部活动所产生的结果，如医疗、运输、咨询、金融贸易、旅游、教育等。

一种产品可由两个或多个不同类别的产品构成，产品类别（软件、硬件、流程性材料或服务）的区分取决于其主导成分。例如：外供产品"汽车"是由硬件（如轮胎）、流程性材料（如燃料、冷却液）、软件（如发动机控制软件、驾驶员手册）和服务（如销售人员所做的操作说明）所组成。硬件和流程性材料经常被称为货物。

5.1.3　运输产品的概念及优点

运输业从事社会化运输生产活动，通常只是改变货物和旅客在空间上和时间上的存在状态，具体表现为运输对象在空间上的位移。这种空间上的位移，也是一种物质变化的形式。位移虽不创造新的有形产品，也不改变运输对象的形态，但可以满足被运送旅客的运输需求或增加被运送货物的使用价值。位移既是运输业出售的产品，也是运输生产活动产生的效用。由于这一产品是非实物的、无形的，因此其属于"服务"的范畴。

运输业出售的这种产品或服务，要受到具体条件和规格（包括始发地、到达地、时间、安全性、准确性等）的要求和约束。同时，位移虽然是无形的产品，但却是可以计量的。旅客和货物有目的的位移，是指使旅客或货物从始发站至到达站沿着一定线路的空间位置变化，它不仅要考虑旅客的人数和货物的重量，而且还要考虑旅客和货物所运输的路程，所以位移的计量单位是一个复合单位。这一计量单位正是运输业产品与其他物质生产部门的实物形态产品相区别的一个特点。

运输生产的另一个特点是劳动工具和劳动对象的同时运动。在运输生产过程中，运输业职工的劳动，主要作用于运载工具，货物和旅客是随着运载工具一起运行的。运载工具的运行即是运输业的生产过程。运输业的产品不同于其他商品，在它仍然处在生产过程的同时就被出售，而不是在它离开生产过程之后才被出售。由于运输业的生产过程和消费过程融合在一起，所以运输业的产品几乎全部直接向用户出售或预售，因此，在运输产品的生产过程中，自然产生一部分商务行为。

铁路运输业的产品实际上包括了各种类别、品种、品质、品牌、款式、价格的具体位移产品。例如：按类别，铁路运输业的产品可分为旅客运输（简称客运）、货物运输（简称货运）、行李包裹运输等；按品种，铁路运输业的产品可分为短途运输、区间运输、直达运输；按品质，铁路运输业的产品可分为普通列车运输、快速列车运输、特快列车运输、高速铁路列车运输等。

每一个运输企业所生产和经营的产品体现为多种多样的具体化形式，如旅客和货主所购买的不同班别、车次、席位、等级、距离、时间、价格的客运和货运产品及服务。

一般来说，运输产品的概念可分为三个层次。

1. 核心产品

核心产品，即满足顾客所需要的位移。运输产品的基本效用，即安全、准确、迅速、文明地实现从始发地到目的地的位移，这是顾客购买运输产品的实质性效用。由于运输产业包括铁路运输、公路运输、水路运输、航空运输、管道运输等多种不同行业，对于每一个行业来说，其提供的位移在安全、准确、迅速、文明等方面的内涵和水平并不是完全相同的。例如，铁路运输所完成的位移，在安全、准确、迅速、文明等方面的实现水平，既不完全和航空运输相同，也有别于公路运输、水路运输和管道运输。同样，对于同一运输类型中的不同运输企业而言，因为有各自具体的位移产品，每个具体的位移产品，在安全、准确、迅速、文明等方面的要求，也不完全相同。

2. 形式产品

形式产品是核心产品的外在表现和具体形式，在一般情况下，形式产品通过品质、款式、特色、外观、品牌和包装等来表达，而在运输行业，其通常表现为位移载体的外在特性（如汽车、轮船、列车、飞机的类型和型号，线路、航线、站、港等基础设施的布局及环境，运营工作组织及运送过程的服务质量，座席等级等）。运输企业将位移核心产品转变为可以感知的形式产品，从而便于顾客判断和评估其所提供的效用和利益程度的大小。

3. 附加产品

附加产品是顾客在购买位移产品时所得到的附加服务和利益，如售前服务、售后服务、运输信息服务及各种延伸服务等。运输企业需要开发适当的附加产品才能在激烈的市场竞争中取胜。

由于运输业和运输产品具有的特点，对于整个运输业和所有运输企业来说，正确理解运输产品的概念，显得尤为重要。运输企业只有全面了解、准确把握运输产品的概念，才能真正树立起以顾客为中心的经营理念，才能更好地运用现代营销理念，有效地制定合理的营销策略。

另外，铁路运输产品还有以下优点。

（1）运输能力大。

（2）单车装载量大。

（3）速度较高，平均速度在常规运输方式中排在第二位，仅次于航空运输。

（4）受气候和自然条件影响较小，在运输的稳定性方面有相当大的优势。

5.1.4　铁路客运产品

1. 铁路客运产品的特点

旅客运输是铁路运输的一个组成部分，铁路客运产品就是指旅客的位移。随着社会经济的发展，铁路客运业务将会带来越来越大的收益。铁路客运产品应包括一切能满足旅客欲望、需求和利益的有形实体和无形部分，其具有以下几个特点。

（1）铁路客运的主要对象是旅客，其次是行李、包裹等，其主要以提供劳务的形式为旅客服务。铁路客运通过售票环节把旅客组织起来纳入运输过程，并满足他们在旅行中的需求。

（2）铁路客运向社会提供的是无形产品——旅客的位移。铁路客运产品的生产过程也是该产品的消费过程。旅客运输产品的位移不是任意的位移，而是有具体条件的、有质量特性的，也就是说不同层次的旅客具有不同层次的旅行需求，如日期、车次、发到站、席别等，这些需求条件，可看成铁路客运产品的不同型号和规格。车票则是旅客购买铁路客运产品的票据和合同。

（3）铁路旅客运输在时间上有较大的不确定性。季、月、周、日和一日内各小时之间都可能会出现急剧的变化。同时，铁路客运产品不可储存。为此，要求铁路客运部门要有一定的技术和设备作为储备，以保证在不同的客运条件下都能满足旅客需求。

（4）铁路旅客运输不同于铁路货物运输。旅客在旅行中有不同的物质、文化、生活需求（如饮食、休息、通风、照明、温度等），因此铁路客运部门不仅应满足这些需求，而且要积极创造良好的旅行环境并提供优质服务，使旅客心情愉悦。

2. 铁路客运产品的质量特征

铁路旅客运输产品质量的好坏，取决于铁路客运产品的几个质量特征。除位移服务外，铁路客运产品还应具有安全、准确、迅速、便捷和舒适等质量特征，旅客就是根据这些属性来判断铁路客运产品的优劣的。

1）安全

确保运输安全，是铁路旅客运输的头等大事。在世界范围内，每年因出行造成的伤亡人数数以百万计，令人触目惊心。一种运输方式如不能保证旅客安全，就会在很大程度上影响消费者的认可。铁路运输企业应充分发挥设备先进、管理严密的优势，以保证旅客人身及财产的安全。

2）准确

除安全之外，旅客还要求准时地到达目的地，以便按计划安排旅程，或是与其他客运方式接续，因此，准确是旅客对铁路客运部门的要求之一。在条件成熟的时候，铁路部门可以向社会公开承诺准点率，这对吸引客流将起到重要作用。当然，准点仅靠铁路客运部门的力量是远远不够的，还要有调度指挥、车站、机务、车辆、工务、电务等部门的共同配合。

3）迅速

旅客的旅行时间，是评价客运产品质量的重要因素。在票价与乘坐条件相近的情况下，旅客当然会选择旅行时间更短的运输方式。尤其在生活节奏日益加快的现代社会中，旅行时间更为旅客所关注，因此，提速成为铁路旅客运输的发展方向，也是铁路与航空和公路竞争的重要手段之一。

4）便捷

在购票、上车、下车等环节中，手续要力求简便。一切要从方便旅客出发，例如增加售票地点和售票窗口，改进客票预售、送票等环节的工作方法，拓展网络、电话等售票方式，一切从方便旅客出发是在激烈的客运市场竞争中取胜的重要营销原则。

5）舒适

随着人民生活水平的提高及交通运输业的发展，人们对旅行舒适性的要求不断提高，因此，要不断提高铁路客车车辆的技术性能，改善车厢内部设备、客运站服务设施等，最大限度地满足旅客对舒适性的要求，使旅客获得热情周到、文明礼貌的服务，达到全面提高旅行质量的目的。

5.1.5　高速铁路客运产品

1. 高速铁路客运产品的特点

1）输送能力大

输送能力大是高速铁路的主要技术优势之一。目前各国高速铁路几乎都能满足最小行车间隔 4 min 的要求。

2）速度快

速度是高速铁路技术水平的最主要标志，各国都在不断提高高速铁路列车的运行速度。

3）安全性好

高速铁路由于在全封闭的环境中自动化运行，又有一系列完善的安全保障系统，所以其安全程度是其他交通工具无法比拟的。

4）受气候变化影响小，准点率高

准点率高是高速铁路深受旅客欢迎的原因之一。所有旅客都希望正点抵达目的地，只有列车始发、运行和终到正点，旅客才能有效安排自己的时间。由于高速铁路系统设备的可靠性和较高的运输组织水平，以及受气候变化影响小的特点，可以实现旅客列车极高的准点率。

5）舒适、方便

高速铁路一般每 4 min 发出一趟列车,旅客理论上可以做到随到随走,不需要候车。为方便旅客乘车,高速铁路列车运行可以做到规律化,站台可以按车次进行固定设置等。这是其他任何一种交通工具无法比拟的。高速铁路列车车内布置高雅,设施齐全,座席宽敞舒适,其运行非常平稳,乘坐高速铁路列车出行是一种愉快的享受。

6）能源消耗低

如果以"人·km"单位能耗来进行比较的话,高速铁路为 1,则小轿车为 5,大型客车为 2,飞机为 7。高速铁路列车一般利用电力牵引,不消耗宝贵的石油等液体燃料。

7）环境影响小

当今,发达国家对新一代交通工具选择的着眼点往往是对环境影响小。高速铁路在这一点上明显优于汽车和飞机。

8）经济效益好

高速铁路自投入运行以来,备受旅客青睐,其经济效益也十分可观。

2. 高速铁路客运产品的设计思路

（1）高速铁路客运产品应该为社会经济发展服务,为广大人民群众服务。铁路是国家重要的基础设施,高速铁路运输企业有责任尽可能多地让人民群众享受高速铁路客运产品的优越性。

（2）高速铁路客运产品的设计应当有利于高速铁路运输企业扩大市场份额。高速铁路属于基础设施,投资回收期长,短期内难以实现盈利,因此,高速铁路运输企业应以高速铁路为依托,在客运产品设计和制订运营方案时,做到最大限度地吸引旅客,大力发展多元化经营,延长高速铁路服务链,拓展业务范围,发挥高速铁路综合优势,实现社会效益与经济效益双赢。

5.1.6 产品质量的概念

产品质量的概念可以分为以下三种。

（1）符合性的质量概念:以"符合"现行标准的程度作为衡量的依据,产品符合上市售卖的标准,即"达标"。

（2）适用性的质量概念:以适合顾客需要的程度作为衡量的依据。

（3）广义的质量概念:质量是特性满足要求的程度。

产品质量除了涉及实物产品质量之外,还涉及无形产品质量,即服务产品质量。服务质量也是有标准的。产品质量的含义很广泛,它可以是技术的、经济的、社会的、心理的和生理的。一般来说,人们常把反映产品使用目的的各种技术经济参数作为质量特性。广义上的产品质量是指国家的有关法规、质量标准及合同规定的对产品适用、安全和其他特性的要求。

5.1.7 产品质量的特性

（1）物质方面,如物理性能、化学成分等。

（2）操作运行方面,如操作是否方便,运转是否可靠、安全等。

（3）时间方面,如耐用性(使用寿命)、精度保持性、可靠性等。

（4）外观方面,如外形情况,包装质量等。

5.1.8　高速铁路客运产品的延伸服务

高速铁路客运产品的延伸服务是指在实现旅客位移过程中，高速铁路运输企业提供的附加服务和利益，即位移前的服务、位移中的服务和位移后的服务。

1. 位移前的服务

为旅客提供便捷的购票服务，如网络售票、代理点售票、流动售票等，同时，要提供发售各种联程票、往返票、异地票的业务。

车站应为旅客提供整洁、舒适的候车环境和通畅的进站路线，在候车过程中，为旅客提供购物、餐饮、娱乐服务。

2. 位移中的服务

有些列车的行程跨及多省，旅客来自四面八方，列车可抓住这一有利条件，在车内销售各地的土特产品，既满足了旅客的需求，也为企业增加了收入。除此之外，车站还可提供小件物品寄存、理发、美容等服务，消除旅客的旅行疲劳，为吸引客流创造条件。

3. 位移后的服务

旅客到站后，可以为旅客提供住宿服务、导游服务、购物服务，以及为旅客返程或继续旅行提供购票服务。

总之，高速铁路客运产品的延伸服务可以多种多样，列车和车站可根据自身的能力及旅客的需求加以开发，以最大限度地满足旅客日益增长的个性化的需求。

5.1.9　产品组合

1. 产品组合的概念

产品组合是指一个企业生产或经营的全部产品线、产品项目的组合方式，它包括四个变量：产品组合的宽度、产品组合的长度、产品组合的深度和产品组合的一致性。

企业在进行产品组合时，涉及三个层次的问题。

（1）是否增加、修改或剔除产品项目。

（2）是否扩展、填充或删除产品线。

（3）哪些产品线需要增设、加强、简化或淘汰，以此来确定最佳的产品组合。

三个层次问题的抉择应该遵循既有利于促进销售，又有利于增加企业总利润的基本原则。

产品组合与促进销售、增加利润有着密切的关系。一般来说，拓宽、增加产品线有利于发挥企业的潜力、开拓新的市场；延长或加深产品线可以满足顾客更多的特殊需要；加强产品线之间的一致性，可以增强企业的市场地位，提高企业在有关细分市场上的获利能力。

2. 产品组合策略

企业生产经营的产品往往不止一种，如何根据市场需求和自身情况对产品进行组合、调整和优化，是摆在企业营销人员面前的一个重要问题。一般有以下几种产品组合策略可供企业营销人员选择。

1）扩大产品组合策略

扩大产品组合策略指拓展产品组合的广度和加强产品组合的深度。拓展产品组合的广度是指增添一条或几条产品线，扩展产品经营范围；加强产品组合的深度是指在原有的产品线内增加新的产品项目。

扩大产品组合策略的具体方式如下。

（1）在维持原产品品质和价格的前提下，增加同一产品的规格、型号和款式。

（2）增加不同品质和不同价格的同一种产品。

（3）增加与原产品相类似的产品。

（4）增加与原产品毫不相关的产品。

扩大产品组合策略的优点如下。

（1）满足不同偏好的消费者多方面的需求，提高产品的市场占有率。

（2）充分利用企业信誉和商标知名度，完善产品系列，扩大经营规模。

（3）充分利用企业资源和剩余生产能力，提高经济效益。

（4）减小市场需求变动的影响，分散市场风险，降低损失程度。

2）缩减产品组合策略

缩减产品组合策略是削减产品线或产品项目，特别是要取消那些获利能力小的产品线和产品项目，以便集中力量经营获利能力大的产品线和产品项目。

缩减产品组合策略的具体方式如下。

（1）减少产品线数量，实现专业化生产经营。

（2）保留原产品线，但停止生产某类产品。

缩减产品组合策略的优点如下。

（1）集中资源和技术力量改进保留下来的产品的品质。

（2）生产经营专业化，提高生产效率，降低生产成本。

（3）有利于企业向市场的纵深发展，寻求合适的目标市场。

（4）减少资金占用，加速资金周转。

3）高档产品策略

高档产品策略，就是在原有的产品线内增加高档次、高价格的产品项目。高档产品策略的优点如下。

（1）高档产品的生产经营容易为企业带来丰厚的利润。

（2）可以提高企业现有产品声望，提高企业产品的市场地位。

（3）有利于带动企业生产技术水平和管理水平的提高。

采用这一策略的企业也要承担一定的风险，企业以往生产廉价产品的形象在消费者心目中不可能立即转变，这使得高档产品不容易很快打开销路，从而影响新产品项目研制费用的迅速收回。

4）低档产品策略

低档产品策略，就是在原有的产品线中增加低档次、低价格的产品项目。低档产品策略的优点如下。

（1）借高档名牌产品的声誉，吸引消费水平较低的顾客慕名购买该产品线中的低档、廉价产品。

（2）分利用企业现有生产能力，补充产品项目空白，形成产品系列。

（3）增加销售总额，扩大市场占有率。

与高档产品策略一样，低档产品策略的实行能够迅速为企业寻求新的市场机会，同时也会带来一定的风险，如果处理不当，可能会影响企业原有产品的市场声誉和名牌产品的市场形象。此外，这一策略的实施需要有一套相应的营销系统和促销手段与之配合，这些必然会加大企业营销费用的支出。

任务小结

　　企业的一切生产经营活动都是围绕产品进行的，即通过及时、有效地提供消费者所需要的产品来实现企业的发展目标。企业生产什么产品？为谁生产产品？生产多少产品？这些问题是企业产品策略必须解决的。企业如何开发满足消费者需求的产品，并将产品迅速、有效地传送到消费者手中，构成了企业营销活动的主题。随着科学技术的快速发展，社会的不断进步，消费者需求特征的日趋个性化，市场竞争程度的加深，导致了产品的内涵和外延也在不断扩大。

思考与练习

　　1. 如何理解运输产品的概念？
　　2. 铁路客运产品的特点有哪些？
　　3. 产品组合策略有哪些？

任务 5.2　高速铁路运输产品生命周期

工作任务

　　掌握产品生命周期的概念及特点。

任务解析

　　通过对产品生命周期概念及特点的学习，掌握高速铁路运输产品生命周期各阶段的营销策略知识。

相关知识

　　产品生命周期。

任务实施

5.2.1　产品生命周期的概念

　　市场上大部分具体产品都不是久销不衰的，每一种产品都有一个或长或短的生命周期。

产品从投放市场开始，到最后被市场淘汰的全部过程所经历的时间，叫作产品生命周期。

产品生命周期理论是美国哈佛大学教授雷蒙德·弗农提出来的。

产品生命周期一般可以分成四个阶段，即介绍（引入）期、成长期、成熟期和衰退期。

1. 第一阶段：介绍（引入）期

介绍（引入）期指产品从设计、投产到投入市场进入试销的阶段。新产品投入市场，便进入了介绍期。此时产品品种少，顾客对产品还不了解，除少数追求新奇的顾客外，几乎无人实际购买该产品。生产者为了扩大销路，不得不投入大量的促销费用，对产品进行宣传推广。在此阶段，由于生产技术方面的限制，产品生产批量小，制造成本高，广告费用大，产品销售价格偏高，销售量极为有限，企业通常不能获利，甚至可能亏损。

2. 第二阶段：成长期

当产品在介绍期取得成功之后，便进入了成长期。产品进入成长期的条件是产品试销效果良好，购买者逐渐接受该产品，产品在市场上站住脚并且打开了销路。在此阶段，需求量和销售额迅速上升，生产成本大幅度下降，利润迅速增长。与此同时，竞争者看到有利可图，将纷纷参与竞争，使同类产品供给量增加，价格随之下降，企业利润增长速度逐步减慢，最后达到利润的最高点。

3. 第三阶段：成熟期

产品在成熟期的销售量进入稳定阶段，经过成长期之后，随着购买此产品人数的增多，市场需求趋于饱和，此时，产品开始普及并日趋标准化，成本降低而产量增加。销量增长速度缓慢直至开始下降，由于竞争的加剧，导致同类产品生产企业之间不得不加大在产品质量、花色、规格、包装、服务等方面的投入，这在一定程度上增加了成本。

4. 第四阶段：衰退期

产品在衰退期进入了淘汰阶段。随着科技的发展及消费习惯的改变等原因，产品的销售量和利润持续下降，产品在市场上已经老化，不能适应市场需求，市场上已经有其他性能更好、价格更低的新产品，足以满足消费者的需求。此时成本较高的企业就会由于无利可图而陆续停止生产，该类产品的生命周期也就陆续结束，以至最终完全撤出市场。

产品生命周期是一个很重要的概念，它和企业制定产品策略及促销策略有着直接的联系。市场营销人员要想使自己的产品有一个较长的销售周期，以便赚取足够的利润来补偿在推出该产品时所做出的一切努力和经受的一切风险，就必须认真研究和运用产品的生命周期理论。

5.2.2　产品生命周期各阶段的营销策略

1. 介绍期的营销战略

在产品的介绍期，由于消费者对产品十分陌生，企业必须通过各种促销手段把产品引入市场，力争提高产品的市场知名度。产品介绍期的生产成本和销售成本相对较高，企业在给新产品定价时不得不考虑这个因素，所以，在此期间，企业营销的重点主要集中在促销和价格方面，一般有四种可供选择的市场战略。

1）高价快速策略

这种策略在采用高价格的同时，配合大量的宣传、推销活动，把新产品推入市场。其目的在于先声夺人，抢先占领市场，并希望在竞争还没有大量出现之前就能收回成本，获得利润。适合采用这种策略的市场环境如下。

（1）必须有很大的潜在市场需求量。

（2）产品的品质特别高，功效又比较特殊，很少有其他产品可以替代。消费者一旦了解这种产品，常常愿意出高价购买。

2）选择渗透战略

这种战略的特点是在采用高价格的同时，只投入很少的促销资源。高价格的目的在于能够及时收回投资，获取利润；低成本促销的方法可以减少销售成本。这种策略主要适用于以下情况。

（1）产品的市场比较固定、明确。

（2）大部分潜在的消费者已经熟悉该产品，他们愿意出高价购买。

（3）产品的生产和经营必须有相当的难度和要求，普通企业暂时无法参与竞争。

3）低价快速策略

这种策略是在采用低价格的同时做出巨大的促销努力，其特点是可以使商品迅速进入市场，为企业带来巨大的市场占有率。适合采用该策略的市场环境如下。

（1）商品有很大的市场容量，企业有望在大量销售的同时逐步降低成本。

（2）消费者对这种产品不太了解，对价格又十分敏感。

（3）潜在的竞争比较激烈。

4）缓慢渗透策略

这种策略的特点是在新产品进入市场时采取低价格，同时不做大的促销努力。低价格有助于消费者快速地接纳商品；不做大的促销努力又能使企业减少费用开支，降低成本，以弥补低价格造成的低利润。适合这种策略的市场环境如下。

（1）商品的市场容量大。

（2）消费者对商品有所了解，同时对价格又十分敏感。

（3）存在某种程度的竞争。

2. 成长期的营销策略

产品的成长期是指新产品试销取得成功以后，转入成批生产和扩大销售额的阶段。在产品进入成长期以后，越来越多的消费者开始使用，企业的销售额直线上升，利润增加。在此情况下，竞争对手也会纷至沓来，威胁企业的市场地位。在成长期，企业的营销重点应该放在扩大自己的市场份额，提升销售额上。

3. 成熟期的营销策略

产品的成熟期比前两个阶段持续的时间更长。

有的弱势产品在成熟期时应该放弃，以节省费用用于开发新产品；但是同时也要注意到部分产品可能还有发展潜力，有的产品就是由于开发了新用途或者新的功能而重新进入新的生命周期的。企业不应该消极地等待产品的衰退。

4. 衰退期的营销战略

衰退期的主要特点是产品销售量急剧下降；企业从这种产品中获得的利润很低甚至为零；大量的竞争者退出市场；消费者的消费习惯已发生改变；等等。面对处于衰退期的产品，企业需要进行认真的研究、分析，决定采取什么策略，在什么时间退出市场。

运输产品有其自身的特点，因此，在将产品生命周期理论运用于运输产品时，必须注意以下几点，才能取得好的效果。

（1）在介绍期，即推出新产品的初始阶段，要着重提高服务质量，从一开始便在旅客心目中树立良好的形象。另外要加强促销，既做广告，又搞公关，使尽可能多的人了解新产品的特色。在确定价格时，应以价格适中为宜，避免价格过高或过低。例如，在每次调整铁路运行图之前，都应做好宣传工作，尤其应通过媒体，将新加开列车的车次、时间、停车站等情况告知旅客，使旅客对新产品有所了解。

（2）在成长期，经过一段时间的培育，运输新产品已被市场所接受，这时，应先进一步完善产品，保证产品质量的同时也要注意延伸服务项目的增加。这一时期的促销工作应着重从一般介绍转向创造品牌声誉；广开销售渠道，不断方便旅客，完善客运产品。

（3）在成熟期，运输企业除了不断地完善产品、增加服务之外，还要寻求新的机会，开发新的市场，并对产品进行重新定位。例如，加开特色专列，成功吸引相应的客户群。

（4）在衰退期，运输企业应主要考虑产品的转型，这不是指整个产品线的转型，而是针对个别不适应市场需求的"超龄"产品而言的。例如，随着人民生活水平的提高，旅客慢车、零担货物运输等运输产品在市场无需求时，都应被视为进入了衰退期。

5.2.3 高速铁路运输产品生命周期

1. 我国高速铁路发展的生命周期

1）介绍期（1998—2008 年）

（1）1998 年 5 月，广深铁路电气化提速改造完成，其设计最高时速为 200 km，为了研究通过摆式列车在中国铁路既有线实现提速至高速铁路的可行性，同年 8 月，广深铁路率先使用从瑞典租赁的 X2000 摆式高速动车组。由于全线采用了众多达到 20 世纪 90 年代国际先进水平的技术和设备，因此当时广深铁路被视为中国由既有线改造踏入高速铁路的开端。1998 年 6 月，SS_8 型电力机车在京广铁路的区段试验中达到了时速 240 km，创下了当时的"中国铁路第一速"，其是中国第一种高速铁路机车。

（2）2004 年 1 月，国务院常务会议讨论并原则通过我国历史上第一个《中长期铁路网规划》，以大气魄绘就了超过 1.2 万 km"四纵四横"快速客运专线网。同年，中国在广深铁路首次开行时速达 160 km 的国产快速旅客列车。广深铁路被誉为中国高速铁路成长、成熟的"试验田"。

（3）2004—2005 年，中车长春轨道客车股份有限公司、中车唐山机车车辆有限公司、中车青岛四方机车车辆股份有限公司先后从加拿大庞巴迪、日本川崎重工、法国阿尔斯通和德国西门子引进技术，联合设计生产高速动车组。

（4）2007 年 4 月 18 日，全国铁路实施第六次大提速和新的列车运行图。繁忙干线提速区段达到时速 200～250 km，这是世界铁路既有线提速最高值。同时，"和谐号"动车组驶入了百姓的生活。

（5）2008 年 2 月 26 日，原铁道部和科技部决定共同研发运营时速 380 km 的新一代高速列车。

2）成长期（2008 年至今）

（1）2008 年 8 月 1 日，中国第一条具有完全自主知识产权、世界一流水平的高速铁路——京津城际铁路通车运营。

（2）2009 年 12 月 26 日，世界上一次建成里程最长、工程类型最复杂，时速 350 km 的京广高速铁路武广段开通运营。

（3）2010 年 2 月 6 日，世界首条修建在湿陷性黄土地区，连接中国中部和西部时速 350 km 的郑西高速铁路开通运营。

（4）2011 年 6 月 30 日，京沪高速铁路全线正式通车。

（5）2012 年 12 月 1 日，世界上第一条地处高寒地区的哈大高速铁路正式通车运营。

（6）2013 年以来，随着宁杭、杭甬等高速铁路的相继开通，高速铁路新增运营里程 1 107 km，中国高速铁路总里程达到 12 000 km，"四纵"干线基本成形。

（7）2014 年 12 月 26 日，中国第一条跨越高寒高原风沙戈壁地区的准高速铁路兰新铁路第二双线通车。同年开通的线路还包括大西客运专线（太西段）、杭长客运专线、贵广客运专线、南广铁路、成绵乐客运专线、青荣城际铁路和中原城市群城际轨道交通等，总长度突破 1.6 万 km。

（8）2015 财年，京津城铁、沪宁城铁、京沪高铁、沪杭高铁、宁杭高铁、广深港高铁运营首次实现盈利，其中，京沪高铁在 2015 财年实现约 66 亿元人民币的最终利润。2015 年 12 月 30 日，海南环岛铁路全线通车运营，标志着世界首条环岛准高速铁路全线贯通。此时，中国高铁总里程突破 1.9 万 km。

（9）2016 年 9 月 10 日，随着郑徐客运专线的开通，中国高铁总里程突破 2 万 km。2016 年 12 月 28 日，一批新的高速铁路开通，包括贵阳到昆明段通车，沪昆高速铁路上海至昆明南站间全线贯通，以及南昆高速铁路百色至昆明段通车，南宁到昆明南站全线贯通，从此，昆明与其他城市间有了方便的陆地高速交通连结，云南省结束没有高速铁路的历史。

（10）自 2017 年 9 月 21 日起，京沪高速铁路恢复以最高时速 350 km 运营，往返北京与上海的最快车次只需要 4 h 30 min。2017 年 12 月 6 日，西成客运专线全线通车.

（11）2018 年 1 月 25 日，渝贵铁路开通，2018 年 9 月 23 日，通往香港的广深港高速铁路全线通车，采用一地两检方式，往返香港的乘客，统一于香港西九龙站办理香港出入境手续。

（12）2019 年，开通的高铁将超过 5 000 km，是近四年来开通高铁最多的一年。"四纵四横"已经建成，"八纵八横"高速铁路主通道越织越密。

（13）2020 年全国铁路完成固定资产投资 7 819 亿元，较年初计划增加 719 亿元，其中基本建设投资完成 5 550 亿元以上，超过 2019 年水平；新线投产 4 933 km，新开工项目 20 个。川藏铁路雅安至林芝段于 2020 年 11 月 8 日正式开工建设。

（14）2021 年，全国铁路营业里程突破 15 万 km，其中高铁超过 4 万 km。

（15）截至 2022 年年底，全国铁路营业里程达到 15.5 万 km，其中高速铁路 4.2 万 km，是当之无愧的"世界冠军"。

2. 高速铁路运输产品的生命周期营销策略

中国高速铁路按照"先进、成熟、经济、适用、可靠"的技术方针，瞄准世界高速铁路最先进技术，通过原始创新、集成创新和引进、消化、吸收、再创新，取得了一系列重大技术创新成果，形成了具有自主知识产权和世界先进水平的高速铁路技术体系。

随着我国高速铁路的快速发展，其对传统运输方式的冲击也越来越大，高速铁路与民航、高速公路的竞争日趋激烈。民航与高速公路都想方设法稳固市场，"十三五"期间，多条高速公路开工建设，民航大量支线机场也已开工建设，这些都可能对相应区域的高速铁路上座率产生影响。针对这些情况，高速铁路应该从产品生命周期角度深入分析以下几个方面的问题。

（1）改善产品品质。对高速铁路产品进行改进，可以提高产品的竞争能力，满足旅客更广泛的需求，吸引更多的旅客。

（2）寻找新的细分市场。通过市场细分，找到新的尚未满足的运输细分市场，根据其需要组织高速铁路运输生产，迅速进入这一新的市场，进行差异化营销。

（3）改变广告宣传的重点。把广告宣传的重心从介绍产品转到建立产品形象上来，树立高速铁路名牌，维系老旅客，吸引新旅客。

（4）灵活定价。在适当的时机，可以采取降价策略，以激发那些对价格比较敏感的消费者产生购买动机和采取购买行动。在遵循市场价值规律的前提下，适当提高热门线路的定价，以进行供需调节。

任务小结

产品生命周期，是一种新产品从开始进入市场到被市场淘汰的整个过程。人的生命要经历形成、成长、成熟、衰退的周期，产品和人的生命一样，也要经历一个开发、引进、成长、成熟、衰退的周期。而这个周期在不同技术水平的国家里，发生的时间和过程是不一样的，期间存在一个较大的差距和时差，正是这一时差，表现为不同国家在技术上的差距，它反映了同一产品在不同国家市场上的竞争地位的差异。

思考与练习

1. 产品生命周期的含义是什么？
2. 产品生命周期分为哪几个阶段？
3. 简述产品生命周期各阶段的营销策略。
4. 简述高速铁路运输产品的生命周期营销策略。

任务 5.3　高速铁路运输新产品开发策略

工作任务

掌握新产品的概念及类型。

任务解析

通过对新产品的概念及类型的学习，掌握高速铁路运输新产品的开发策略。

高速铁路运输新产品。

5.3.1　新产品的概念及类型

新产品的概念很广，除包含因科学技术在某一领域的重大发现所产生的新产品外，还包括：在生产销售方面，只要产品在功能或形态上发生改变，与原来的产品产生差异，甚至只是产品从原有市场进入新的市场，都可视为新产品；在消费者方面，则是指能进入市场给消费者提供新的利益或新的效用而被消费者认可的产品。按产品研究开发过程，新产品可分为全新型产品、改进型新产品、模仿型新产品、形成系列型新产品、降低成本型新产品和重新定位型新产品。

（1）全新型产品是指应用新原理、新技术、新材料，具有新结构、新功能的产品。该类新产品在全世界首先开发，能开创全新的市场。其占新产品的比例在 10%左右。

（2）改进型新产品是指在原有老产品的基础上进行改进，使产品在结构、功能、品质、花色、款式及包装上具有新的特点和新的突破。改进后的新产品，其结构更加合理，功能更加齐全，品质更加优质，能更多地满足消费者不断变化的需要。其占新产品的比例在 26%左右。

（3）模仿型新产品是企业对国内外市场上已有的产品进行模仿生产，即其是本企业的新产品。模仿型新产品占新产品的 20%左右。

（4）形成系列型新产品是指在原有的产品大类中开发出新的品种、花色、规格等，从而与企业原有产品形成系列，扩大产品的目标市场。其占新产品的比例在 26%左右。

（5）降低成本型新产品是以较低的成本提供同样性能的新产品，它主要是指企业利用新科技，改进生产工艺或提高生产效率，削减原产品的成本，但保持原有功能不变的新产品。其占新产品的比例在 11%左右。

（6）重新定位型新产品指企业的老产品进入新的市场。其占新产品的比例在 7%左右。

5.3.2　开发新产品的要求

开发新产品应符合以下要求。

1. 要有新意、有特色

这是新产品开发的基本要求，不具备新意和特色的产品不能称之为新产品。

2. 要有充足的市场

这是新产品开发成败的关键。许多新产品的夭折就是由于没有足够大的市场，因此在开发新产品时，一定要做好市场调查和预测，不可盲目开发。

3. 要有相应的生产能力和销售能力

企业在开发新产品时，一定要考虑资金、设备、劳动力等生产条件是否具备，否则，即使新产品开发出来也无法进入市场。

5.3.3　开发新产品的方式

开发新产品有许多方式，企业可以结合自己的实际情况合理进行选择。

1. 企业独立研制

这是一种独创性的开发方式。企业根据国内外市场和消费者的需求，或针对现有产品存在的问题，独立研制更新换代产品或全新产品。这种开发方式难度较大，需要较强的研发能力及雄厚的资金支持，不过一旦开发成功，企业便可获得技术上的领先地位，获得相应市场的话语权，会在一定程度上取得先机，在市场上取得竞争优势。

2. 技术引进

这是指直接引进已有的先进技术从事产品开发。这种方式缩短了开发时间，节省了费用支出，比较适合研发能力弱而制造能力强的企业。

3. 改进方式

这种方式是以企业的现有产品为基础，根据消费者的需要，采取改变性能、变换形式或扩大用途等措施来开发新产品。采用这种方式可以依靠企业现有设备和技术力量，开发费用低，成功把握大。

4. 独立研制与引进技术相结合

当企业已具备一定的科研基础，而外界又有开发这类新产品的先进技术时，适合采用这种方式。

5.3.4　新产品开发的基本程序

新产品开发是一项极其复杂的工作，从根据用户需要提出设想到正式生产产品投放市场为止，要经历许多阶段，涉及面广、持续时间长，因此必须按照一定的程序开展工作，这些程序之间互相促进、互相制约，才能使产品开发工作协调、顺利地进行。产品开发的程序是指从提出产品构思到正式投入生产的整个过程。由于行业的差别和产品生产技术的不同特点，特别是产品开发方式的不同，新产品开发所经历的阶段和具体内容并不完全一样。一般而言，大部分企业的新产品开发都要经历调查研究阶段、构思创意阶段、设计阶段、试制阶段、评价鉴定阶段、正式生产和销售阶段。

5.3.5　高速铁路运输新产品开发

1. 高速铁路动卧产品的开发

中国高速铁路发展迅速。2011—2017 年，中国高速铁路产品在不到 6 年的时间内，跨越了三个台阶：第一个台阶，通过"引进、消化、吸收、再创新"，掌握了时速 200～250 km 高速列车制造技术；第二个台阶，自主研制生产了时速 300～350 km 高速列车；第三个台阶，以时速 350 km 高速列车技术平台为基础，成功研制生产出新一代 CRH380 型高速动车组。在不断"引进、消化、吸收、再创新"中，我国又开发了新型卧铺式动车组，这一新型卧铺动车组是在 CRH2E 卧铺动车组的基础上研制的，其采用 16 节编组，全列软卧，运营时速 250 km，总定员 880 人，设计人员从旅客乘坐舒适性、私密性和多样化功能需求等方面进行了全新设计，为旅客创造了安静、优质的乘车环境。

2015 年 1 月 1 日至 3 月 15 日春运期间，铁路部门开行北京西至深圳北、北京西至广州南共计 4 对高速铁路动卧列车。高速铁路动卧产品以安全、高效、舒适赢得了旅客的称赞，让长途旅客免受了长途跋涉的辛苦，在温暖舒适的睡梦中，愉快地到达目的地。一觉醒来，旅客从寒冷的北方进入了温暖如春的南方，被旅客称为"开往春天的列车"。

随着时代的进步，人们的生活水平越来越高，需求也越来越多，新型卧铺动车组的设施和服务更加人性化，可以满足旅客多样化需求。每个铺位有单独的茶桌，方便旅客放置电脑、小件物品、餐食饮料等。同时，单独配备充电插座、照明灯、阅读灯、书报网、书报袋，为旅客在旅途中阅读、办公、休闲等提供便利。每个铺位还配置了拉帘、扶手、裤挂、衣帽钩，非常人性化。新型卧铺动车组采用全新设计，提升了私密性。车厢中间为中央通道，两侧设置双层卧铺，铺位采用纵向布置，即与列车的运行方向平行。这样每个铺位空间独立，相当于一个小"包间"，每位旅客都拥有充足的私人空间。由于采用了双层车窗，上下铺位的旅客都享有独立车窗。为了给旅客创造安静的乘车环境，新型卧铺动车组进一步优化了减振降噪设计，车厢内部的噪声控制在 62 dB，列车噪声水平达到优级，即使列车在高速运行时，车厢里也十分安静。另外，新型卧铺动车组增加了车体高度，上铺的空间更加宽裕，旅客在上铺也能够舒适地坐立。铺位的墙面上配有靠背，并且可以按坐姿需求调整倾斜角度，空调为每个铺位单独送风，非常舒适。车厢下铺设置的行李放置空间，可供放置大型行李箱，为旅客提供便利。

2. 高速铁路与酒店住宿、景点旅游等行业联动开发新产品

1）推出"乘高速铁路往返免费住酒店"优惠活动

近年来，中国铁道旅行社在元旦、春节期间推出了"乘高速铁路往返免费住酒店"等优惠活动。旅客乘坐北京至广州、深圳的高速铁路动卧列车，只要在原票价的基础上另加 1 元钱，持单程车票即可获赠 1 张广州塔（俗称"小蛮腰"）景点门票，持往返车票则可免费入住一晚快捷酒店。此活动受到了旅客的青睐，显现了铁路走向市场后，越来越灵活的营销方式，让旅客和铁路实现了双赢。

此优惠活动的推出，不仅让旅客们感受到了实惠，也扩大了高速铁路企业的社会影响。昔日的"铁老大"自走向市场后，以市场为导向，不断地适应市场、开发新产品，根据旅客的出行特点和需求，先后实施周末、假日列车运行图，开行通勤高速铁路列车、夕发朝至高速铁路动卧列车等。

2）开发"高速铁路+旅游"新产品

随着作为我国高速铁路网络重要组成部分的郑徐高速铁路顺利贯通，西安市通往东三省、胶东半岛、东南沿海的高速铁路通道顺利打通，西安与超过 20 个省会城市、直辖市实现高速铁路连通。西安市民沿郑西高速铁路出行后 4 h 可到石家庄、济南、合肥、南京等地，5 h 可到青岛、天津等地，6 h 可到杭州、上海等中、东部省份城市。

为进一步推动东西部旅游合作，促进高速铁路沿线客源市场的开发，铁路部门与西安市旅游局联合西安市各主要景区、星级酒店、旅行社等四十余家旅游单位推出了为期近半年的"乘高速铁路半价游西安"活动，其中大唐芙蓉园、大明宫遗址公园、曲江寒窑景区、西安世博园等单位面向乘高速铁路抵达西安市的旅游散客推出了半价优惠政策，"高速铁路+旅游"新产品的开发有力地带动了高速铁路车票的销售。

3. 创新空铁联运产品

空铁联运是航空运输与铁路运输之间协作的一种联合运输方式，参与者包括民航机场、

航空公司、铁路系统等。

无论是航空还是铁路领域都是整个交通运输体系的有机组成部分，二者具有很强的互补性，空铁联运对于建设交通强国战略目标的实现具有重要意义。

长期以来，铁路、航空均独立运作，民众出行会根据出行路线、行程时长等因素择优选择出行方式。由于两者之间的竞争性及相对独立性，造成了运力资源在一定程度上的浪费，民众的出行体验尚待提高。空铁联运实现了运力资源的高效配置，在利用各项先进的"大数据"信息平台，更加方便民众"优中选优"确定出行方式和路线的基础上，可规划新建和改扩建机场、车站枢纽以完善空铁联运基础设施，促使城市机场与高速铁路车站"无缝衔接"，打造枢纽功能布局紧凑、客流衔接有序、换乘方式快捷的"零换乘"乘车体验。

创新的空铁联运产品，实行"一站购票"，体恤旅客舟车劳顿之苦，免去了旅客购票、进站、退票、改签等诸多环节的不必要麻烦，实现了空铁联程"一站式"便捷出行。经过合作，空铁双方势必将充分发挥各自优势，优化配置运力资源，不断创新服务方式，加大信息共享、共用，从而切实增强旅客出行的获得感、幸福感、安全感。

铁路体制改革把铁路推向市场，铁路部门必须在不断地开发新产品与服务的同时，主动适应市场，紧跟市场发展方向，主动围绕旅客消费需求和消费品位开发新产品以不断满足旅客多层次的运输需求。高速发展的中国铁路要自觉担负起引领时代前进的重任，更好地为我国社会经济发展服务。

2022 年 9 月 22 日，由国铁集团与东方航空联合打造的"空铁联运"产品新增沈阳、大连、合肥、太原、天津、佛山、乌鲁木齐、运城、柳州、福州、大同、南宁、桂林、西宁 14 个枢纽城市，由此新增 224 个通达站点、333 个可衔接火车段。至此，产品已覆盖的枢纽城市达到 41 个，通达 645 个火车站点，"空铁联运"实现航空段与 1 113 个火车段的双向联运，"空铁联运"网络范围已基本实现覆盖全国。

发展多式联运是"交通强国"的重要组成部分，也是服务人民美好出行的一个重要体现。国铁集团，积极携手有关各方，加快各种交通运输方式深度融合，提升综合运输效率，服务旅客出行的顺畅衔接。国铁集团与东方航空于 2020 年 8 月携手实现了铁路 12306 手机 App 和东方航空 App 的全面系统对接，"飞机+高铁一站式联订""一个订单一次支付"开创了高铁和民航销售平台全国首次互联互通。近年来，"空铁联运"上架销售的产品种类、覆盖的铁路站点持续扩大、升级。

任务小结

企业若想生存与发展，就要顺应市场的发展，不断开发新的产品，高速铁路运输企业也要紧跟市场发展的步伐，与时俱进，开发消费者青睐的新产品，不断推出新的服务项目、服务内容，以提高企业经营效益。

思考与练习

1. 新产品的类型有哪些？
2. 新产品开发的方式有哪些？

3. 简述新产品开发的基本程序。
4. 简述近期高速铁路新产品开发的情况。

任务 5.4　高速铁路运输产品品牌策略

工作任务

掌握品牌的概念及特征。

任务解析

通过对品牌的概念及特征的学习，掌握高速铁路运输产品品牌策略的相关知识。

相关知识

品牌的定义、作用。

任务实施

5.4.1　品牌的概念

品牌是一种识别标志、一种精神象征、一种价值理念，是产品品质优异的核心体现。培育和创造品牌的过程也是不断创新的过程。企业有了创新的力量，才能在激烈的竞争中立于不败之地，继而巩固原有品牌资产，多层次、多角度、多领域地参与竞争。

5.4.2　品牌的作用

品牌是产品的重要组成部分，是企业竞争的强有力武器。品牌对企业和消费者具有不同的作用。

1. 品牌是产品或企业核心价值的体现

品牌——消费者记忆产品的工具。企业要将产品销售给目标消费者，而且要使消费者通过使用对产品产生好感，从而重复购买，形成品牌忠诚。消费者通过对品牌产品的使用，形成满意的使用体验，就会围绕品牌形成消费经验，并存储在记忆中，为将来的消费决策提供依据。

2. 识别产品的分辨器

品牌的建立是基于竞争的需要，用来识别某个产品或服务的。品牌设计应具有独特性，有鲜明的个性特征，品牌的图案、文字等与竞争对手相区别，代表本企业的特点。互不相同

111

的品牌各自代表着不同形式、不同质量、不同服务的产品，可为消费者或用户购买、使用提供借鉴。通过品牌人们可以认知产品，并依据品牌进行购买决策。

3. 质量和信誉的保证

企业设计品牌、创立品牌、培养品牌的目的是希望此品牌能成为名牌，于是在产品质量上下功夫，在售后服务上做努力。品牌，特别是知名品牌，代表了产品的质量档次，代表了企业的信誉。比如海尔作为家电品牌，人们提到海尔就会联想到海尔家电的高质量，海尔的优质售后服务及海尔人为消费者着想的动人画面。

树品牌、创名牌是企业在市场竞争的条件下逐渐形成的共识，人们希望通过品牌对产品、企业加以区别，通过品牌形成品牌追随，通过品牌扩展市场。品牌的创立，名牌的形成，正好能帮助企业达到上述目的，品牌已成为企业的有力竞争武器。

5.4.3　品牌的特征

1. 品牌是专有的

品牌是用以识别生产或销售者的产品或服务的。品牌拥有者经过法律程序的认定，享有品牌的专有权，有权要求其他企业或个人不能仿冒、伪造。

2. 品牌是企业的无形资源

品牌拥有者可以凭借品牌的优势不断获取利益，可以利用品牌的市场开拓力、形象扩张力、资本内蓄力不断发展。品牌的这种价值并不能像物质资产那样用实物的形式表述，但它能使企业的无形资产迅速增大，并且可以作为商品在市场上进行交易。

品牌作为无形资产其价值可以有形量化，同时品牌也可作为商品进行交易。

3. 品牌转化具有一定的风险及不确定性

品牌创立后，在其成长的过程中，由于市场的不断变化，企业的品牌资本可能壮大，也可能缩小，甚至某一品牌会在竞争中退出市场。品牌的成长存在一定风险，对其评估也存在难度，企业品牌的维护具有相当的难度，对企业品牌效益的评估也具有不确定性。

4. 品牌的表象性

品牌是企业的无形资产，不具有独立的实体，不占有空间，但它最原始的作用就是让人们通过一个比较容易记忆的形式来记住某一产品或企业，因此，品牌必须有物质载体，需要通过一系列的物质载体来表现自己，使自己有形化。品牌的直接载体主要有文字、图案和符号，间接载体主要有产品的质量、知名度、美誉度、市场占有率等。没有物质载体，品牌就无法表现出来，更不可能达到品牌的整体传播效果。优秀的品牌在载体方面表现较为突出，如"可口可乐"的文字，使人们联想到饮后的效果，其红色图案及相应包装能起到独特的暗示效果。

5. 品牌的扩张性

品牌具有识别功能，代表一种产品、一个企业，企业可以利用品牌的这一特点进行市场开拓，企业还可以利用品牌资本进行扩张。

5.4.4　品牌的设计

一个品牌成功与否，与品牌设计密不可分。在品牌设计过程中，一般应坚持以下几个原则。

（1）造型美观，构思新颖。这样的品牌不仅能够给人一种美的享受，而且能使顾客产生信任感。

（2）能表现企业或产品的特色。

（3）简单明显。品牌所使用的文字、图案、符号都不应冗长、复杂，应力求简洁，给人以突出的印象。

（4）符合传统文化，为公众喜闻乐见。设计品牌名称和标志应特别注意各地区、各民族的风俗习惯、心理特征，尊重当地传统文化，切勿触犯禁忌，尤其是涉外产品的品牌设计更要注意。

中国铁路标志，由"工"和"人"组成，点明铁路行业之属性，即铁路是属于工人阶级的，而工人阶级又是国家的主人，它洋溢着铁路工人当家作主的自豪感和责任感。除此之外，它还由火车头与铁轨的断面相融合而成。设计师匠心独运，将"工人"两个汉字刻意地进行艺术加工处理，合二为一，构成火车头和铁轨断面的形象，使工人、火车头、铁轨三位一体，行业属性跃然纸上，形象、简洁、明快，凝练概括，挺拔坚实，寓意深刻。中国铁路标志如图5-2所示。

图5-2　中国铁路标志

5.4.5　品牌策略在铁路运输产品中的运用

产品是否使用品牌，应视产品的特点而定。近年来，越来越多传统上不使用品牌的产品纷纷品牌化，在市场上取得了较高的信誉和效益。铁路运输企业的产品也在品牌化方面做过一些尝试。一些铁路运输企业已在这方面做了许多工作，比如，有许多列车采用一些名胜、名人作为自己的列车名称（如西湖号、庐山号列车），也就是为自己的产品取名，这对其产品的销售是有积极意义的。

运输市场不是一成不变的，这就要求我们要采取差异性目标市场战略。随着科技、经济的发展，旅客客运需求的差异性越来越大，为了满足不同旅客的不同需求，我们应大力发展具有品牌效应的客运产品，使其获得应有的市场份额和社会美誉度，带动铁路客运产品整体的发展。

名牌是企业美誉度、知名度、高品质、高效益等综合实力的象征。真正的品牌能经得起公众长期的信赖和赞誉，因为旅客的旅行时间大部分是在列车内度过的，因此，我们的产品应以列车为中心形成客运品牌。

5.4.6 中国高速铁路品牌

从世界范围来看，高速铁路建设是一个"大蛋糕"。中国高速铁路的建设、运营已经赢得了世界许多国家的认可和赞誉。高速铁路有能力成为中国的一张名片，带动中国企业"走出去"。可以应用中国的技术标准、施工运营管理技术，并采用中国生产的高速机车和车辆帮助其他国家建设高速铁路。

中国高速铁路建设造价只有海外同行的 1/3～1/2，这为中国高速铁路走向世界增加了一个有利条件。低成本与高质量的结合成为中国高速铁路走出国门、参与国际竞争的利器。品牌创造价值，细节决定成败。中国高速铁路要成为响当当的国际品牌，既需要战略统筹，也需要狠抓细节，毕竟，质量始终是关键。

高速铁路列车具有速度快、安全性和舒适度好、准确性高、低能耗、低成本等优点，因此是各国铁路客车的发展方向。我国铁路自 1997 年以来，连续 6 次大面积提速，我国高速铁路的自主品牌 CRH、CR，在国内运输市场，乃至国际运输市场中享有极高的美誉。

打响中国品牌，树立中国形象，高速铁路已经成为中国走向全球、建立友谊的新名片。国家领导人对中国铁路，特别是高速铁路"情有独钟"，扮演着"超级推销员"的角色，外交出访时，常高规格地打出"高速铁路牌"，用高速铁路架构了一座座友谊合作的桥梁。我国高速铁路技术运用达到了世界领先水平，已形成了具有中国特色的高速铁路技术体系，也为我国拥有自主知识产权的"高速铁路技术"走向世界奠定了坚实的基础。高速铁路及相关轨道车辆等设备走向全球市场，是重塑中国制造全球竞争力的制高点，代表着"中国制造"从低端走向高端。

任务小结

广义的"品牌"是具有经济价值的无形资产，其用抽象化的、特有的、能识别的概念来表现产品的差异性。品牌建设具有长期性，因此，高速铁路运输企业应该时刻铭记品牌的重要性，不断挖掘高速铁路运输产品的品牌价值。

思考与练习

1. 品牌的特征有哪些？
2. 简述铁路运输产品的品牌策略。
3. 简述我国高速铁路品牌的建设情况。

项目 6

高速铁路运输产品价格结构与定价策略

🚩 **思政目标**

● 通过学习高速铁路运输产品价格结构与定价策略知识与技能，体会我国铁路兼具普惠性与高价值性的特点。

引导案例

公　告

为进一步提升高铁运营品质、满足旅客不同出行需求，按照《价格法》《铁路法》《中央定价目录》等国家法律法规规定，我公司决定自 2022 年 5 月 20 日起，对郑渝高铁渝万段上运行的动车组列车公布票价进行优化调整，并根据市场状况，区分季节、日期、时段、席别等因素，建立灵活定价机制，实行有升有降、差异化的折扣浮动策略。各站间执行票价将以公布票价为上限、6.68 折为下限，实行多档次、灵活升降的浮动票价体系，为旅客出行提供更多的选择。具体列车站间的执行票价以售票时 12306 网站公布为准。

我公司将持续改进乘车条件，努力提高服务质量，真诚欢迎广大旅客选择乘坐高铁动车组列车出行。

儿童、学生、残疾军人、伤残警察等票价优惠幅度及其他未尽事宜，仍按照现行有关规定执行。

公布票价表附后。

渝万铁路有限责任公司
2022 年 4 月 16 日

公布票价表

序号	运行区间		公布票价			
	车站名称	车站名称	二等座	一等座	特等座	商务座
1	重庆北	复盛	12	20	22	44
2	重庆北	长寿北	32	51	57	111
3	重庆北	长寿湖	40	64	72	139
4	重庆北	垫江	61	97	109	213
5	重庆北	梁平南	86	138	155	302
6	重庆北	万州北	117	188	211	411
7	复盛	长寿北	19	31	34	67
8	复盛	长寿湖	27	44	49	96
9	复盛	垫江	48	77	87	169
10	复盛	梁平南	74	118	133	258
11	复盛	万州北	105	168	189	367
12	长寿北	长寿湖	10	15	17	34
13	长寿北	垫江	29	47	53	102
14	长寿北	梁平南	55	87	98	191
15	长寿北	万州北	86	137	154	300
16	长寿湖	垫江	21	34	38	74

续表

序号	运行区间		公布票价			
	车站名称	车站名称	二等座	一等座	特等座	商务座
17	长寿湖	梁平南	46	74	84	163
18	长寿湖	万州北	78	124	140	272
19	垫江	梁平南	25	41	46	89
20	垫江	万州北	57	90	102	198
21	梁平南	万州北	31	50	56	109

注：具体执行票价以公布票价为上限，实行灵活折价的浮动票价。

任务 6.1　铁路运输产品价格结构及定价影响因素

工作任务

掌握铁路运价的概念、铁路运输产品价格结构。

任务解析

通过对铁路运价的概念、铁路运输产品价格结构的学习，掌握铁路运输企业的定价目标、影响铁路运输企业定价的因素等知识。

相关知识

铁路运价。

任务实施

6.1.1　铁路运价的概念

运价是指承运规定单位的货物的价格，是完成某一计量单位运输所收取的运费，运费是运价与运量的乘积。

铁路运价是指铁路运输企业运输旅客或货物的价格，是运输产品价格重要的组成部分，其具体包括铁路运输费用、装卸费和附带作业费。中国的铁路运价是国家计划运输价格，它的形成以运输价值为基础，在运输成本基础上加利润和税金。铁路运价按运输地区、运送方式、车辆类型、座卧席别、货物种类、运输速度、运输距离、运输条件等不同情况制定并实行差别定价。铁路运价包括客运运价和货物运价。

6.1.2　运价结构

运价结构是指运价体系各部分构成及其相互关系。

1. 按距离区分的差别运价结构（里程运价结构）

这是根据运输里程而制定的运价结构体系。按货物运输作业过程可以把运输支出划分为始发到达作业费、中转作业费和运行作业费三个部分，随着运距的增加，运输总支出也在增加，然而随运距成比例增加的只是中转作业费和运行作业费，不管运距多长，始发到达作业费是不变的。可见，运距越长，分摊到单位运输里程的始发到达作业费就越少，运输成本也就越低。根据这种特点，运输部门可以实行按距离区分的差别运价结构。

2. 按运输对象区分的差别运价结构

不同旅客运输方式在运输设施、旅行速度上差别较大，而同一旅客运输方式由于所使用的设备、提供的运输服务不同，旅客所享受的舒适度也大不相同，因此，票价也存在明显差异。例如，普速列车客票分为普通客票、加快客票（普快、特快）和卧铺客票（硬卧客票、软卧客票），高速列车客票分为二等座票、一等座票、特等座票、商务座票，票价不等；水运船票分一至五等舱票，票价不等；飞机票分经济舱票、商务舱票与头等舱票，票价也不等。

6.1.3　铁路客运产品价格结构及特点

1. 铁路客运产品价格结构

铁路客运产品价格又称客运运费，它由客运运价和客运杂费组成。客运运价包括旅客票价和行包运价，旅客票价由客票票价和附加票价两部分组成，其中客票票价分为硬座、软座客票票价；附加票价分为加快、卧铺、空调票价。

旅客票价是以"人·km"的票价率为基础，按照旅客旅行的距离和不同的列车设备条件，采取递远递减的办法确定的。具体票价以国务院铁路主管部门公布的票价表为准。

客运杂费是指在铁路运输过程中，除旅客车票票价、行包运价以外，铁路运输企业向旅客、托运人、收货人提供辅助作业、劳务等所收的费用。客运杂费的收费项目和收费标准由国务院铁路主管部门制定。

2. 铁路客运产品价格特点

在我国的经济发展过程中，出现过三种价格形式：统一价格（国家统一制定的计划价格）、国家指导价格（国家允许在一定的幅度内上下浮动的价格）和市场价格。在不同情况下，企业的定价空间（或定价权限）是不同的。在第一种情况下，企业只能执行统一定价，无定价权；在第二、三种情况下，企业有一定的定价权。我国铁路运输企业长期执行国家计划运价，但随着市场经济的建立，运输市场竞争加剧，国务院和铁路主管部门在运价管理上，允许铁路运输企业在一定的幅度内上下浮动运价，给予铁路运输企业一定的定价空间，以适应运输市场竞争的需要。

1）铁路客运产品定价前提

目前国家铁路的旅客票价率和行包运价率由国务院铁路主管部门拟定，报国务院批准。客运杂费由国务院铁路主管部门规定。

2）铁路客运产品定价空间

随着铁路运价管理的改革，国务院和铁路主管部门也给予铁路运输企业一定的定价空间。

（1）国铁集团在国务院批准的范围内，经国家物价部门同意，根据运输市场的需求，实行浮动价格，如季节性调价等。

（2）国铁集团经国家物价部门同意，对一些特殊运输方式和特殊运价区段可实行特殊运价，如包车、租车、挂运行驶等运价。

（3）各铁路局集团有限公司（以下简称铁路局）根据具体情况有权对在本局管内运行的旅客列车的票价、运价自行浮动。

（4）各铁路局管内有空闲卧铺的列车，各局有权实行优惠卧铺票价，跨局列车需要实行优惠卧铺票价的，须经中国铁路总公司批准。

（5）铁路运输企业开展的延伸服务项目可根据运输市场需求情况自行定价。

6.1.4　影响铁路运输企业定价的因素

6.1.4.1　企业定价目标

定价目标是企业在对其生产或经营的产品制定价格时，有意识地要求达到的目的和标准。它是指导企业进行价格决策的主要因素。

定价目标取决于企业的总体目标。不同行业的企业，同一行业的不同企业，以及同一企业在不同的时期，不同的市场条件下，都可能有不同的定价目标。

定价目标一般可分为以下几种。

1. 以获取利润为目标

获取利润是企业从事生产经营活动的最终目标，具体可通过产品定价来实现。以获取利润为目标，一般有以下两种实施路径。

1）以获取合理利润为定价目标

以获取合理利润为定价目标指企业为避免不必要的价格竞争，以适中、稳定的价格获得长期利润。采用这种定价目标的企业，往往是为了减少风险，保护自己，或限于力量不足，只能在补偿正常情况下的平均成本的基础上，加上适度利润作为产品价格。

2）以获取最大利润为定价目标

以获取最大利润为定价目标指企业追求在一定时期内获得最高利润额。利润额最大化取决于合理价格所推动的销售规模，因而追求最大利润的定价目标并不意味着企业要制定最高单价。最大利润既有长期和短期之分，又有企业全部产品和单个产品之别。有远见的企业经营者，都着眼于追求长期利润的最大化。

2. 以提高市场占有率为目标

以提高市场占有率为目标也称以提高市场份额为目标，即把保持和提高企业的市场占有率（市场份额）作为一定时期的定价目标。市场占有率是一个企业经营状况和企业产品在市场上竞争能力的直接反映，关系到企业的兴衰存亡。较高的市场占有率，可以保证企业产品的销路，巩固企业的市场地位，从而使企业的利润稳步增长。

在许多情形下，市场占有率的高低说明了企业的营销状况。有时，由于市场的不断扩大，一个企业可能获得可观的利润，但相对于整个市场来看，所占比例可能很小。无论大、中、小企业,都希望用较长时间的低价策略来提高企业的市场占有率。以提高市场占有率为目标,一般有以下两种实施路径。

1)定价由低到高

定价由低到高,就是在保证产品质量和降低成本的前提下,企业产品的定价低于市场上主要竞争者的价格,以低价争取消费者,打开产品销路,从而提高企业产品的市场占有率。待占领市场后,企业再通过增加产品的某些功能,或提高产品的质量等措施来逐步提高产品的价格,"定价由低到高"旨在维持一定市场占有率的同时获取更多的利润。

2)定价由高到低

定价由高到低,就是企业对一些竞争尚未激烈的产品,入市时定价可高于竞争者的价格,利用消费者的求新心理,在短期内获取较高利润。待竞争激烈时,企业可适当调低价格,赢得主动,扩大销量,提高市场占有率。

3. 以应付和防止竞争为目标

企业对竞争者的行为都较为敏感,在价格方面更是如此。在市场竞争日趋激烈的形势下,企业在定价前,一定要广泛收集资料,仔细研究竞争对手产品价格情况,通过自己的定价策略去参与市场竞争。

4. 以维护企业形象为目标

企业形象是企业的无形资产与财富,良好的企业形象是企业成功地运用市场营销组合策略取得消费者的信任后,长期积累的结果。以维护企业形象为定价目标,是指企业定价时,首先要考虑价格水平是否能被目标消费者所接受,是否与他们期望的价格水平相接近,是否有利于企业整体营销策略的稳步实施。例如,有些企业的产品以价廉物美著称;有些企业则以高档优质称雄。其次企业定价时也要顾及协作企业或中间商的利益,依靠他们的合作求得生存和发展。企业定价要依照社会和职业的道德规范,不能贪图利润侵害消费者的利益。企业在定价时还要符合国家宏观经济发展目标,遵守政策指导和法律约束。

6.1.4.2 影响铁路运输企业定价的因素

铁路运输产品价格如果定得太高,就会卖不出去;但如果定得太低,又会赚不到钱。那么,怎样才能既把产品卖出去,又能赚到钱呢?通常在给铁路运输产品定价的时候,应该考虑以下几个因素。

1. 需求

某个铁路运输产品不是卖给所有人的,而是卖给特定的目标旅客群。如果目标旅客群对运输产品的需求强,定价可以高一些;如果需求弱,就不能定太高的价格。

2. 竞争

除成本与需求外,进行定价时还必须考虑竞争对手。旅客不是只能买铁路运输产品,可以有很多的选择。如果市场有相当多类似的产品,旅客对铁路运输产品的需求就相对较弱。

3. 铁路运输成本

铁路运输企业应对一定时期内发生的成本按产品对象进行汇集,以计算其运输总成本和单位成本。

铁路运输成本的特点如下。

(1)没有原料支出,固定资产折旧费占较大比重。这是因为铁路运输过程是使旅客和货物发生位移,并不产生别的有形物质。

（2）运输成本和运输距离表现为递远递减的关系。从运输生产作业过程来看，铁路运输成本是由始发和到达作业支出、中转作业支出、运行作业支出三部分组成的。其中运行作业支出所占比重最大，它随运输距离的长短而增减；始发和到达作业支出对于运送同一批货物来说，不随运输距离而变化；中转作业支出随中转次数增加而增加。运输距离越长，成本中始发和到达作业支出所占比重越小，反之就越大。

（3）运输成本随运输量的增长而降低。从铁路运输支出同行车量的关系来看，铁路运输成本由与行车量有关支出和与行车量无关支出组成。在一定时期内，与行车量无关支出可视为一个常数。当运量下降时，成本中与行车量无关支出所占比重就增加，运输成本就增多。当运量增长时，成本中与行车量无关支出所占比重就减少，运输成本便减少。

（4）全国铁路的运输成本才能反映完整的成本。铁路运输常常要跨越几条铁路线，由几个铁路运输企业共同配合完成，因此所耗费的运输支出，应由有关铁路运输企业共同负担。所以，全国铁路的运输成本才是完整的成本，而各铁路运输企业的成本则是相对完整的成本。

（5）客货运的混合支出在运输支出中所占比重较大，在分别计算客、货运输成本时，要把混合支出予以分开。

如上所述，由于铁路运价在现阶段是由国家确定计划价格，在价格基本固定的情况下，降低生产成本和流通费用是铁路运输企业主要的获利途径，也是铁路运输企业参与运输市场竞争的关键因素之一。

4. 其他影响因素

影响铁路运输企业定价的其他因素包括运输市场竞争情况、运输市场需求情况、宏观经济状况、政府的政策、法令等，它们对铁路运输产品价格的制定都会产生一定的影响。

任务小结

铁路运输产品价格是国民经济价格体系的重要组成部分，它不仅关系着铁路本身的经济效益和国家资金的积累，而且也影响到国民经济各部门的发展。

思考与练习

1. 如何理解铁路运价的含义？
2. 影响铁路运输企业定价的因素有哪些？

任务 6.2　高速铁路运输产品定价策略

工作任务

掌握产品定价策略。

通过对产品的各种定价策略的学习，掌握高速铁路运输产品的价格调整策略。

价格调整的形式。

6.2.1　产品定价策略

产品定价合理与否，不仅关系到产品能否顺利地进入市场、占领市场，取得较好的经济效益，而且关系到产品本身的命运和企业的前途。

在激烈的运输市场竞争中，铁路运输企业为增强自身的竞争优势，提高自身的竞争能力，在不断改善原有运输产品的基础上，还必须根据运输市场的需要，研究、开发一些铁路运输新产品。例如，根据运输市场需要，开行"双优"列车、豪华列车、准高速和高速列车、旅游列车、节假日列车、学生专列、农民工专列等。

对这些铁路运输产品采取何种定价策略，是一个不可忽视的问题。

常见的产品定价策略有以下几种：撇脂定价策略、渗透定价策略和满意定价策略。

1. 撇脂定价策略（高价策略）

撇脂定价又称"取脂定价"，是指在产品上市之初，把价格定得很高，以便在短期内获取厚利，迅速收回投资，减少经营风险。"取脂"比喻从鲜奶中撇取乳酪，含有取其精华之意。

撇脂定价产品一般先面向高收入阶层和早期使用型消费者销售，这类消费者对新产品价格不太敏感，求新、求奇的愿望很强烈。他们往往认为，新产品有新价值、新利益，贵一点儿是应该的。有时，高价反而会有助于增加产品的吸引力，所以，新产品上市之初，必须争取时间，趁竞争者尚未进入市场，抢先用高价获取高额利润。

此策略优点在于能满足部分猎新求异的消费者的心理需要。在产品过了成长期而进入成熟期甚至衰退期后可适当降价，这样能赢得消费者好感。其缺点是定价高，有一定风险，容易招致顾客不满，引发激烈竞争。

例如，沪宁线（南京至上海）的普通列车硬座票价 40.5 元，快速列车硬座票价 46.5 元，时速 250 km 高速列车二等座票价 88.5 元，一等座票价 116 元。时速 350 km 高速列车商务座 451.5 元、一等座 229.5 元，二等座 144.5 元。沪宁高速公路上的公路客运票价：普通车 63 元，豪华大巴 88 元。时速 350 km 高速列车采用的就是高价策略。

2. 渗透定价策略（低价策略）

与撇脂定价策略相反，渗透定价策略是一种建立在低价基础上的新产品定价策略，即在新产品进入市场初期，把价格定得很低，借以打开产品销路，扩大市场占有率，谋求较长时期的市场领先地位。老产品也可采用这种定价策略来延长产品的生命周期。渗透定价策略是一种颇具竞争力的薄利多销策略。采用渗透定价策略的企业，在新产品入市初期，利润可能不高，甚至亏本，但通过排除竞争，开拓市场，却可以在长时间内获得较高的利润，因为大批量销售会使边际成本下降，边际收入上升。如果企业排除了竞争对手，控制了一定的市场，又可以提高价格，增加利润，所以，渗透定价又被称为"价格先低后高策略"。在渗透定价策略指导下的产品价格通常既低于竞争者同类产品的价格，又低于消费者的预期价格。

3. 满意定价策略

许多企业对新产品既不定高价，也不定低价，而是采用一个中等价位。中等价位即为"满意价格"。高价和低价各有利弊，各有一定的风险，中等价位介于两种价格水平之间，取两者之利，弃两者之弊，应该说是一种较为公平、正常的价格。在大多数情况下，企业往往会选择一种对消费者、生产者和中间商都相对有利的满意价格，不太高，也不十分低。

6.2.2　价格调整策略

价格调整策略是指企业为某种产品制定出价格以后，要随着市场营销环境的变化对现行价格予以适当的调整。

在计划经济条件下，铁路运价管理高度集中，定价机制过于僵化，使铁路运输长期在低运价、高负荷状态下生产经营。在这种情况下，国家对铁路运输实行长期的政策性亏损补贴，但这并没有从根本上解决铁路运输在发展中的"瓶颈"问题。虽然保持铁路运价稳定，有利于国民经济的发展和社会的稳定，但铁路运价不可能是一成不变的，运输市场是动态的，铁路运价也应随着市场的变化而及时调整。这是价值规律在铁路运输生产经营活动中的具体体现，也是最基本的运输市场规律。价格调整策略是铁路运输企业适应市场竞争的一种重要的价格策略。

1. 价格调整的形式

1）降价策略

企业降价的原因很多，有企业外部需求及竞争等因素的变化，也有企业内部的战略转变、成本变化等，还有国家政策、法令的制约和干预等。

2）提价策略

为增加企业的利润率，企业会采取提价策略。

价格调整的幅度，最重要的考虑因素是消费者的反应。调整产品价格是为了促进销售，其实质是要促使消费者购买产品。忽视了消费者的反应，销售就会受挫，只有根据消费者的反应调价，才能收到好的效果。

2. 高速铁路运输产品的价格调整策略

目前，高速铁路运价的调整基本上由国家来控制，高速铁路运输企业定价权力有限。公路、水路、航空则能充分利用价格杠杆的作用，进行浮动价格调整，增强竞争力，抢夺市场份额。

随着铁路运价改革的发展，在运价形成机制和运价管理权限方面，铁路部门进行了有益的探索和尝试，初步形成在统一运价基础上，新路新价、优质优价、浮动运价、区域运价及专项成本补偿运价等多种运价形式并存的局面。高速铁路运输企业开展市场营销活动时，应在国家宏观调控下，根据市场经济和铁路运输的规律，采取适当的价格调整策略，增强市场竞争能力。

（1）根据客运市场的季节波动和区域特点，实行季节、区域浮动运价。各高速铁路运输企业可根据季节、客流、运输市场变化情况，对基本运价进行上下浮动，适时调整定价方案，充分发挥价格杠杆作用。例如，春运、暑运是铁路客流两大高峰期，这期间票价在原有基础上上浮，既可以增加铁路的收入，调动铁路员工的积极性，又可以调整峰期运量，实现均衡运输。在淡季，可以对一些冷门线路，实行折扣票价，以扩大高速铁路运输产品的需求。

（2）制定团体票、预售票、往返票价格优惠政策。例如，有些高速铁路运输企业在客流低谷期加大团体旅客优惠比重，实行团体旅客"10 人免 1 人"的优惠票价办法，充分发挥价格的杠杆作用，吸引更多的客流，取得了良好的经济效益。

6.2.3 折扣定价策略

折扣定价策略是指企业对基本价格做出一定的让步，直接或间接降低价格，以争取顾客，扩大销量的一种策略，其主要方法有以下几种。

1. 数量折扣

数量折扣指按购买数量的多少，给予不同的折扣，购买数量愈多，折扣愈大。其目的是鼓励大量购买，或集中向本企业购买。数量折扣包括累计数量折扣和一次性数量折扣两种形式。累计数量折扣规定消费者在一定时间内，购买商品若达到一定数量或金额，则按其总量给予一定折扣，其目的是鼓励消费者经常向本企业购买，成为可信赖的长期客户。一次性数量折扣规定一次性购买某种产品达到一定数量或购买多种产品达到一定金额，则给予折扣优惠，其目的是鼓励消费者大批量购买，促进产品多销、快销。

数量折扣的促销作用非常明显，企业因单位产品利润减少而产生的损失完全可以从销量的增加中得到补偿。此外，销售速度的加快，使企业资金周转次数增加，流通费用下降，产品成本降低，从而导致企业总盈利水平上升。

运用数量折扣策略的难点是如何确定合适的折扣标准和折扣比例。如果享受折扣的数量标准定得太高，比例太低，则只有很少的消费者才能获得优待，绝大多数消费者将感到失望；购买数量标准过低，比例不合理，又起不到鼓励消费者购买和促进企业销售的作用。企业应结合产品特点、销售目标、成本水平、企业资金利润率、需求规模、购买频率、竞争者手段，以及传统的商业惯例等因素来制定科学的折扣标准和比例。

2. 现金折扣

现金折扣是对在规定的时间内提前付款或用现金付款者所给予的一种价格折扣，其目的是鼓励消费者尽早付款，加速资金周转，降低销售费用，减少财务风险。采用现金折扣一般要考虑三个因素：折扣比例；给予折扣的时间限制；付清全部货款的期限。

由于现金折扣的前提是商品的销售方式为赊销或分期付款，因此，有些企业采用附加风险费用、管理费用的方式，以避免可能发生的经营风险。同时，为了扩大销售，分期付款条件下消费者支付的货款总额不宜高于现款交易价太多，否则就起不到"折扣"促销的效果。

提供现金折扣等于降低价格，所以，企业在运用这种手段时要考虑商品是否有足够的需求弹性，保证通过需求量的增加使企业获得足够利润。此外，由于我国的许多企业和消费者对现金折扣还不熟悉，运用这种手段的企业必须结合宣传手段，使消费者清楚地知道自己将得到的好处。

3. 功能折扣

中间商在产品分销过程中所处的环节不同，其所承担的功能、责任和风险也不同，企业据此给予不同的折扣称为功能折扣。对生产性用户的价格折扣也属于一种功能折扣。功能折扣的比例，主要考虑中间商在分销渠道中的地位、对生产企业产品销售的重要性、购买批量、完成的促销功能、承担的风险、服务水平、履行的商业责任，以及产品在分销中所经历的层次和在市场上的最终售价等。功能折扣的结果是形成购销差价和批零差价。

鼓励中间商大批量订货，扩大销售，争取顾客，并与生产企业建立长期、稳定、良好的合作关系是实行功能折扣的一个主要目标。功能折扣的另一个目的是对中间商经营的有关产品的成本和费用进行补偿，并让中间商有一定的盈利。

4. 季节折扣

有些商品的生产是连续的，而其消费却具有明显的季节性。为了调节供需矛盾，这些商品的生产企业便采用季节折扣的方式，对在淡季购买商品的顾客给予一定的优惠，使企业的生产和销售在一年四季能保持相对稳定。例如，啤酒生产厂家对在冬季进货的经销商给予大幅度让利，羽绒服生产企业则为夏季购买其产品的消费者提供折扣。

季节折扣比例的确定，应考虑成本、储存费用、基价和资金利息等因素。季节折扣有利于减轻库存，加速商品流通，迅速收回资金，促进企业均衡生产，充分发挥生产和销售潜力，避免因季节需求变化所带来的市场风险。

5. 回扣和津贴

回扣是间接折扣的一种形式，它是指购买者在按一定的价格将货款全部付给销售者以后，销售者再按一定比例将货款的一部分返还给购买者。津贴是企业为特殊目的，对特殊顾客以特定形式所给予的价格补贴或其他补贴。比如，当中间商为企业产品提供了包括刊登地方性广告、设置样品陈列窗等在内的各种促销活动时，生产企业给予中间商一定数额的资助或补贴。又如，对于进入成熟期的消费者，开展以旧换新业务，将旧货折算成一定的金额，在新产品的价格中扣除，顾客只支付余额，以刺激消费需求，促进产品的更新换代，扩大新一代产品的销售。

6. 会员积分回馈

2017年年末，铁路部门推出"铁路畅行"常旅客会员服务，铁路常旅客会员购买车票将获得相应乘车积分，累积积分首次达到10 000分以上，即获得积分兑换资格，可兑换铁路部门指定车次的列车车票。兑换车票时，100积分等价于1元人民币。使用所兑换车票的乘车人可以是会员本人，也可以是其设定的受让人。

6.2.4 差别定价策略

差别定价策略是指对同一产品针对不同的顾客、不同的市场制定不同的价格的策略。

1. 顾客细分定价

企业把同一种商品或服务按照不同的价格卖给不同的顾客。例如，公园、旅游景点、科技馆将顾客分为学生、年长者和一般顾客，对学生和年长者收取较低的费用；自来水公司根据需要把水分为生活用水、生产用水，并收取不同的费用；电力公司将电分为居民用电、商业用电、工业用电，对不同的用电收取不同的电费。

高速铁路客运产品根据旅客身份的不同细分为学生票、儿童票、团体票、职工票等。

1）学生票

学生可享受硬座客票、加快票和空调票的优惠，学生票票价按相应客票和附加票公布票价的 50% 计算。持学生票乘车的学生使用卧铺时，另收全价卧铺票价。

2）儿童票

儿童可享受客票、加快票和空调票的优惠，儿童票票价按相应客票和附加票公布票价的 50% 计算。免费乘车及持儿童票乘车的儿童单独使用卧铺时，另收全价卧铺票价。儿童票的座别与成年人旅客的车票相同，到站不能远于成年人旅客车票的到站。

3）团体票

团体旅客，一般是指数量在 20 人以上，乘坐相同日期、相同车次、相同到站、相同座别的旅客。对团体旅客出售团体票，有利于吸引团体旅客。

4）职工票（铁路乘车证）

铁路职工可办理铁路乘车证。铁路乘车证是为适应铁路点多线长、流动分散的特点，对职工在铁路沿线生产、工作、生活进行必要的乘车而提供便利的有价票证，其不包含职工因私旅游乘车等用途，但对符合就医、探亲等条件的职工及家属，可凭相应的乘车证免费乘车。

2. 产品形式差别定价

企业按产品的不同型号、不同式样，制定不同的价格，但不同型号或式样的产品其价格之间的差额和成本之间的差额是不成比例的。例如，一件裙子 70 元，成本 50 元，可是在裙子上绣一组花，追加成本 5 元，但价格却可定到 100 元。

3. 形象差别定价

有些企业根据形象差别对同一产品制订不同的价格。这时，企业可以对同一产品采取不同的包装或商标，塑造不同的形象，以此来消除或减轻消费者认为不同细分市场上的商品实质上是同一商品的主观感受。如香水商可将香水加入一只普通的瓶中，赋予某一品牌和形象，售价为 20 元，而同时用更华丽的瓶子装同样的香水，赋予不同的品牌和形象，定价为 200 元。还可以用不同的销售渠道、销售环境来实施这种差别定价。如某商品在廉价商店低价销售，但同样的商品在豪华的精品店可高价销售。

4. 地点差别定价

企业对处于不同位置或不同地点的产品和服务制定不同的价格，即使每个地点的产品或服务的成本是相同的。例如剧院不同座位的成本都一样，却按不同的座位收取不同价格，因为公众对不同座位的偏好不同；火车卧铺从上铺到中铺、下铺，价格逐渐提高。

5. 时间差别定价

价格随着季节、日期甚至钟点的变化而变化。一些公用事业公司，按一天的不同时间、周末和平常日子等不同的标准来收费。长途电信公司制定的晚上、清晨的电话费用可能只有白天黄金时间的一半；航空公司或旅游公司在淡季的价格便宜，而旺季一到价格立即上涨。进行时间差别定价可以促使消费需求均匀化，避免企业资源的闲置或超负荷运转。

任务小结

随着市场竞争日趋激烈，生产者不断推出各种新产品，而每次新产品的推出又面临着一次定价的挑战。价格定得是否恰当，直接关系到企业的生存和长远的发展。一般认为在市场营销组合决策中，定价策略是"最痛苦、最危险"的决策，更需要决策者具备相当的营销智慧与决断能力。

思考与练习

  1. 产品定价的策略有哪些？

  2. 价格调整的形式有哪些？

  3. 简述高速铁路运输产品的价格调整策略。

项目 7

高速铁路运输产品分销渠道策略

🚩 **思政目标**

● 通过学习高速铁路运输产品分销渠道策略知识与技能，体会我国铁路以"人民至上"为出发点，创新运输产品分销手段。

引导案例

依托电子客票，拓展铁路运输产品分销渠道

铁路电子客票是以电子数据形式体现的铁路旅客运输合同，旅客购票后，铁路运输企业不再出具纸质车票，旅客持购票时所使用的有效身份证件原件即可快速、自助进站检票乘车，与普通车票具有同等法律效力。

自2020年6月20日起，电子客票在全国普速铁路推广实施，覆盖1 300多个普速铁路车站。此次推广实施后，全国铁路共有2 400多个车站实行电子客票，将覆盖95%以上的铁路出行人群。

依托电子客票的推广，铁路车票的分销渠道实现了线上与线下联动，渠道多样。旅客可以通过铁路12306网站购票（含12306手机App）。购票时，购票人录入相关手机号码，将收到铁路部门推送的动态二维码，也可通过网站自行下载或打印购票信息单，或在车站指定窗口打印。到站后可根据需要选择是否打印购票信息单、报销凭证。

旅客也可以通过人工窗口和自动售票机购票。购票时，旅客需提供购票人手机号码，售票窗口和自动售票机向旅客提供购票信息单，旅客需当场核对购票信息单，可根据需要选择是否打印购票信息单、报销凭证。

进出站时，旅客可以凭购票时所使用的本人身份证原件或者凭借12306手机App生成的动态二维码通过自助闸机进行验证，办理进出站手续。

改签、退票方面，使用电子支付方式购票但未换取报销凭证的旅客，可通过12306网站、12306手机App或车站指定窗口办理改签、退票手续；使用现金方式支付或已打印报销凭证的旅客，须到车站指定窗口办理。

任务7.1　分销渠道概述

工作任务

掌握分销渠道的概念及类型。

任务解析

通过对分销渠道的概念及类型的学习，掌握分销渠道的设计方法与步骤。

相关知识

分销渠道的职能、中间商的概念。

7.1.1　分销渠道的概念

分销渠道又称产品销售渠道，是指某种产品和服务在从生产者向消费者转移的过程中，取得这种产品和服务的所有权或帮助所有权转移的所有企业和个人。

7.1.2　分销渠道的职能

分销渠道的职能在于它是连接生产者和消费者或用户的桥梁和纽带。企业使用分销渠道是因为在市场经济条件下，生产者和消费者之间存在空间分离、时间分离、所有权分离、供需数量差异及供需品种差异等方面的矛盾。

分销渠道的主要职能如下。

（1）调研。调研是指收集进行产品交换所必需的信息。

（2）促销。促销是指进行所供产品的说服性沟通。

（3）接洽。接洽是指寻找潜在购买者并进行有效的沟通。

（4）配合。配合是指使所供产品符合购买者需要，包括制造、装配、包装等活动。

（5）谈判。谈判是指为了转移所供货物的所有权，而就其价格及有关条件达成最后协议。

（6）物流。物流是指从事产品的运输、储存、配送。

（7）融资。融资是指为补偿分销成本而取得并支付相关资金。

（8）风险承担。风险承担是指承担与渠道工作有关的全部风险。

7.1.3　分销渠道的类型

1. 直接分销渠道

直接分销渠道是指生产者将产品直接供应给消费者，没有中间商介入。

直接分销渠道的形式是：生产者—用户。铁路运输企业设立的自营售票处，运营的 12306 网站和 12306 手机 App 软件等都是直接分销渠道。

1）直接分销渠道的优点

（1）有利于产、需双方沟通信息，可以按需生产，更好地满足目标消费者的需要。

由于是面对面的销售，消费者可更好地掌握商品的性能、特点和使用方法；生产者能直接了解消费者的需求、购买等特点及其变化趋势，进而了解竞争对手的优势和劣势及营销环境的变化，为按需生产创造条件。

（2）可以降低产品在流通过程中的损耗。

由于去掉了商品流转的中间环节，减少了销售损失，有时也能加快商品的流转。

（3）可以使购销双方在营销上相对稳定。

（4）可以在销售过程中直接进行促销。

企业直接分销，实际上往往伴随着促销行为。例如，企业派员直销，不仅促进了用户订货，同时也扩大了企业和产品在市场中的影响，还促进了新用户的订货。

2）直接分销渠道的缺点

（1）在产品和目标顾客方面。

对于绝大多数生活资料商品，其购买呈小型化、多样化和重复性的特点。生产者若凭自己的力量去广设销售网点，往往力不从心，甚至事与愿违，很难使产品在短期内广泛分销，很难迅速占领或巩固市场，企业目标消费者的需要得不到及时满足，势必转向购买其他厂家的产品，这就意味着企业失去目标消费者和市场占有率。

（2）在商业协作伙伴方面。

流通企业在销售方面比生产企业的经验丰富，这些中间商最了解消费者的需求和购买习性，在商业流转中起着不可缺少的桥梁作用。生产企业自销产品，就拆除了这一桥梁，势必自己去进行市场调查，包揽了中间商所承担的人、财、物等费用。这加重了生产者的工作负荷，分散了生产者的精力，更重要的是，生产者将失去中间商在销售方面的协作，为产品价值的实现增加了新的困难，目标消费者的需求难以得到及时满足。

（3）在生产者与生产者之间。

当生产者仅以直接分销渠道销售商品，致使目标消费者的需求得不到及时满足时，同行生产者就可能趁势而进入目标市场，夺走目标消费者和商品协作伙伴。在生产性团体市场中，企业的目标消费者常常是购买本企业产品的生产性用户，他们又往往是本企业专业化协作的伙伴。

2. 间接分销渠道

间接分销渠道是指生产者利用中间商将商品供应给消费者，中间商介入交换活动。

间接分销渠道的典型形式是：生产者—批发商—零售商—个人消费者。现阶段，我国消费品需求总量和市场潜力很大，且多数商品的市场正逐渐由卖方市场向买方市场转化。与此同时，对于生活资料商品的销售，市场调节的比重已显著增加，工商企业之间的协作已日趋广泛、密切，因此，如何利用间接渠道使自己的产品广泛分销，已成为企业进行市场营销时要研究的重要课题之一。

铁路售票代理处、邮政售票代理处等都是铁路运输产品的间接分销渠道。随着电子商务的兴起，以"携程""去哪儿"等在线电商平台为代表的运输产品分销渠道逐渐走入人们的生活，它们在分销铁路运输产品，特别是高速铁路运输产品方面发挥了越来越大的作用。

1）间接分销渠道的优点

（1）有助于产品广泛分销。

中间商在商品流转的始点同生产者相连，在终点与消费者相连，从而有利于调节生产与消费在品种、数量、时间与空间等方面的矛盾。既有利于满足目标消费者的需求，也有利于生产企业产品价值的实现，更能使产品广泛地分销，巩固已有的目标市场，扩大新的市场。

（2）缓解生产者人、财、物等力量的不足。

中间商购买了生产者的产品并交付了款项，就使生产者提前实现了产品的价值，开始新的资金循环和生产过程。此外，中间商还承担销售过程中的仓储、运输等费用，也在其他方面投入了人力和物力，这就弥补了生产者在营销上的力量不足。

（3）间接促销。

消费者往往是货比数家后才购买产品，而一位中间商通常经销众多厂家的同类产品，中间商对同类产品的不同介绍和宣传，对产品的销售影响甚大。此外，实力较强的中间商还能支付一定的宣传广告费用，具有一定的售后服务能力。所以，生产者若能与中间商良好协作，就可以促进产品的销售，并从中间商那里及时获取市场信息。

（4）有利于企业之间的专业化协作。

现代机器大工业生产的日益社会化和科学技术的突飞猛进，使专业化分工日益精细，企业只有广泛地进行专业化协作，才能更好地迎接新技术、新材料发展的挑战，才能经受住市场的严峻考验，才能大批量、高效率地进行生产。中间商是专业化协作发展的产物。生产者产销合一，既难以有效地组织商品的流通，又分散了生产精力。有了中间商的协作，生产者可以从烦琐的销售业务中解脱出来，集中力量进行生产，专心致志地从事技术研究和技术革新，促进生产企业之间的专业化协作，以提高生产经营的效率。

2）间接分销渠道的缺点

（1）可能形成"需求滞后差"。

中间商购进了产品，并不意味着产品就从中间商手中销售出去了，有可能销售受阻。对于某一生产者而言，一旦其多数中间商的销售受阻，就形成了"需求滞后差"，即需求在时间或空间上滞后于供给。由于生产规模既定，人员、机器、资金等照常运转，生产难以剧减。当需求继续减少，就会导致产品的供给更加大于需求。若多数商品出现类似情况，便造成所谓的市场疲软现象。

（2）可能加重消费者的负担，导致抵触情绪。

流通环节增加储存或运输中的商品损耗，如果都转嫁到价格中，就会增加消费者的负担。此外，中间商服务工作欠佳，可能导致顾客对商品的抵触情绪，甚至引起购买的转移。

（3）不便于直接沟通信息。

如果与中间商协作不好，生产企业就难以从中间商的销售中了解和掌握消费者对产品的意见、竞争者产品的情况、本企业与竞争对手的优势和劣势、目标市场状况的变化趋势等。在当今风云变幻、信息爆炸的市场中，企业信息不灵，生产经营必然会迷失方向，也难以保持较高的营销效率。

3. 长渠道和短渠道

分销渠道的长短一般是按流通环节的多少来划分的，具体包括以下四种：零级渠道、一级渠道、二级渠道、三级渠道。其中，零级渠道最短，三级渠道最长。

4. 宽渠道与窄渠道

渠道宽窄取决于渠道的每个环节中使用同类型中间商数目的多少。

企业使用的同类中间商多，产品在市场上的分销面广，称为宽渠道。如一般的日用消费品（毛巾、牙刷等），由多家批发商经销，又转卖给更多的零售商，以大量接触消费者，大批量地销售产品。

企业使用的同类中间商少，分销渠道窄，称为窄渠道，其一般适用于专业性强的产品，或贵重耐用的消费品，由一家中间商包销，几家中间商经销。它使生产企业容易控制分销渠道，但市场分销范围受到限制。

5. 单渠道和多渠道

企业全部产品都由自己所设的直销机构销售，或全部交给批发商经销，称为单渠道。

多渠道则可能是在本地区采用直接渠道，在外地则采用间接渠道；在一些地区独家包销，在另一些地区多家分销；对消费品市场用长渠道，对生产资料市场则采用短渠道；等等。

7.1.4 中间商

1. 中间商的概念

中间商是指那些将购入的产品再销售或租赁以获取利润的厂商。他们创造时间、地点及所有权效用。中间商为其顾客扮演采购代理人的角色,购买各种产品来转售给顾客。中间商包括批发商、零售商、代理商和经纪人。

2. 中间商的类型

中间商可以按照不同的标准进行分类。

按照中间商是否拥有商品所有权,可将其划分为经销商和代理商。

按照销售对象的不同,中间商分为批发商和零售商。

3. 中间商的作用

(1)促进生产者扩大生产和销售。

(2)协调生产与需求之间的矛盾。

(3)方便消费者购买商品。

7.1.5 分销渠道的设计

1. 确定渠道模式

企业分销渠道设计首先要决定采取什么类型的分销渠道,是派推销人员上门推销或以其他方式自销,还是通过中间商分销。如果决定采取中间商分销,还要进一步决定选用什么类型和规模的中间商。

2. 确定中间商的数目

确定中间商的数目即决定渠道的宽度。这主要取决于产品本身的特点、市场容量的大小和需求面的宽窄。通常有三种可供选择的形式。

1)密集性分销

密集性分销旨在运用尽可能多的中间商分销,使渠道尽可能加宽。消费品中的便利品(零食、肥皂等)和工业用品中的标准件,通用小工具等,适于采取密集性分销,以提供购买上的最大便利。

2)独家分销

独家分销要求在一定地区内只选定一家中间商经销或代理,实行独家经营。独家分销是最极端的形式,是最窄的分销渠道,通常只对某些技术性强的耐用消费品或名牌商品适用。独家分销对生产者的好处是:有利于控制中间商,提高他们的经营水平,也有利于加强产品形象,增加利润,但这种形式有一定风险,如果这家中间商经营不善或发生意外情况,生产者就要蒙受损失。

3)选择性分销

选择性分销是介于上述两种形式之间的分销形式,即有条件地精选几家中间商进行经营。这种形式对各类产品都适用,它比独家分销面宽,有利于扩大销路,开拓市场,展开竞争;比密集性分销节省费用,易于控制,不必分散太多的精力。有条件地选择中间商还有助于加强彼此之间的了解和联系,使被选中的中间商愿意努力提高推销水平,因此,这种分销形式效果较好。

4）复合式分销

复合式分销指生产者通过多条渠道将相同的产品销售给不同的市场。这种分销策略有利于调动各方面的积极性。

3. 规定渠道成员彼此的权利和责任

在确定了渠道的长度和宽度之后，企业还要规定其与中间商之间的权利和责任，如对不同地区、不同类型的中间商和不同的购买量给予不同的价格折扣，提供质量保证和跌价保证，以促使中间商积极进货，还要规定交货和结算条件，以及规定彼此为对方提供哪些服务。

任务小结

分销渠道的概念可以从以下三个要点来理解。

（1）分销渠道的起点是生产者，终点是消费者或者用户。销售渠道作为产品据以流通的途径，就必然是一端连接生产，另一端连接消费，通过销售渠道把生产者提供的产品或服务，源源不断地流向消费者。在这个流通过程中，主要包含着两种转移：商品所有权转移和商品实体转移。这两种转移，既相互联系又相互区别。商品的实体转移是以商品所有权转移为前提的，它也是实现商品所有权转移的保证。

（2）分销渠道是一组路线，是由生产商根据产品的特性进行组织和设计的，在大多数情况下，生产商所设计的渠道策略要充分考虑渠道的参与者——中间商的利益。

（3）产品在由生产者向消费者转移的过程中，通常要发生两种形式的运动。一是作为买卖结果的价值形式运动，即商流。它是指产品的所有权从一个所有者转移到另一个所有者，直至转移到消费者手中。二是产品实体的空间移动，即物流。商流和物流通常都会围绕着产品价值的最终实现，形成从生产者到消费者的一定路线或通道，这些通道从营销的角度来看，就是分销渠道。

思考与练习

1. 如何理解分销渠道的含义？
2. 中间商的类型有哪些？
3. 简述分销渠道的设计。

任务 7.2　高速铁路运输企业分销渠道的选择与分销渠道策略

工作任务

掌握铁路运输产品分销渠道的概念及特点。

通过对铁路运输产品分销渠道的概念及特点的学习，掌握高速铁路运输企业分销渠道的选择与分销渠道策略的知识。

相关知识

影响高速铁路运输企业分销渠道选择的因素。

任务实施

7.2.1　铁路运输产品分销渠道的概念

铁路运输产品是铁路运输企业为旅客或货主提供的位移服务，即运输劳务。其分销渠道就是铁路运输企业和运输需求者之间的连接通道。正是因为运输劳务是一种服务产品，同时铁路运输产品还存在一定的短缺现象，因此其分销渠道的构成相对来说比较简单。

7.2.2　运输产品分销渠道的特点

运输产品分销渠道与一般产品相比有共同点，也有其独特之处，运输产品分销渠道的特点主要表现在以下几个方面。

1. 运输产品分销渠道的前置性

任何有形产品的分销渠道都在生产之后，即产品形成之后从生产者向消费者转移，才形成各种类型的分销渠道，而运输产品是先组织客源、货源，再组织运输生产，实现旅客、货物的"位移"，因此，销售活动是运输生产的前提，运输企业一方面要组织充足的客源、货源，保证企业生产活动的顺利进行；另一方面，又要有充足的运输能力，保证已"销售"出去的产品能如期"生产"出来。

2. 运输产品分销渠道有很强的时间效用

旅客出行、货主运货的需求都希望被及时满足，铁路运输企业在旅客、货主有位移需求时必须及时提供各种运输服务，方便旅客购票及货主办理托运手续，及时实现旅客和货物的位移，否则，旅客和货主就会选择其他的运输方式。

3. 运输产品分销渠道有很强的地点效用

运输企业必须按旅客或货主提出的发站、到站和运输径路提供运输服务，以满足旅客或货主的需求。

7.2.3　影响运输企业分销渠道类型选择的因素

和生产一般商品的企业一样，运输企业分销渠道的形成也受到一系列客观因素的制约。这些因素主要有以下几个方面。

1. 运输产品因素

运输产品即运输劳务，它的性质、特点及旅客或货主对运输的要求是影响渠道选择的主要因素。

（1）对时效性要求很高的运输服务一般采用直接分销渠道，如鲜活、易腐货物的运输就采用这种方式，以减少代理公司等中间商的延误而造成的时间损失，因此，这类运输劳务的销售，渠道越短越好。

（2）新开辟的运输服务项目，不宜采用长渠道销售。旅客和货主对这类运输服务项目的质量、时效性、价格等了解很少，需要运输企业派业务人员当面做出进一步的介绍，同时，运输企业又需要直接、及时了解该运输服务项目在旅客和货主中的反馈。若经由代理公司销售，一方面会因代理公司中的人员对新服务不甚了解而影响销售，另一方面会割裂企业与市场的直接联系，使企业不能及时、全面地掌握所需信息，影响到服务的调整与改进。

（3）普通客货运输业务，由于经营时间长，运输规模大，旅客、货主较为了解，一般可采用多网点的宽渠道和长渠道分销。

（4）危险货物等特种货物运输，由于需要专门技术、运输工具等，运输企业应尽量直接组织货源，因为这样便于运输企业和货主在运输技术、装卸、包装等方面进行及时沟通，保证运输生产的顺利进行。

2. 运输市场因素

运输市场状况直接影响运输企业分销渠道的选择。

（1）市场范围的大小。一般来说，市场范围大，渠道就长；市场范围小，渠道就短。如果旅客、货主集中在某一地区，甚至某一地点（如某一车站），宜采用直接销售渠道；如果旅客、货主均匀分散在广大地区，则需更多地发挥中间商的作用，采取间接销售渠道。

（2）一次运量的多少。一次运量少，宜采用间接渠道；一次运量大，宜采用直接渠道。

（3）运输需求的季节性。对一些运输季节性较强的运输需求，如春节旅客运输、农产品运输，一般应充分发挥中间商的作用，以便均衡运输，不失去销售时机，所以可以采用较长的分销渠道。

（4）市场竞争者状况。通常应与竞争者采用相同或相似的销售渠道，在市场竞争特别激烈时，选择多样化的销售渠道就成为企业获得竞争优势的策略之一。

3. 企业内部条件

企业内部条件影响到运输企业分销渠道的具体选择。

（1）运输能力。运输能力较强的企业，可以保证满足旅客或货主的运输需求，有能力选择较为固定的运输代理商；运输能力一时还难以满足市场需求的企业，则适宜直接销售。

（2）运输组织的专业化水平。运输组织专业化水平高的企业，可以建立自己的销售网络，采取较易控制的短渠道；反之，应选择较长的渠道，利用运输代理商协助销售。

（3）营销能力。营销能力较强的运输企业，可以自行销售，采用短渠道或直接渠道；反之，可发挥运输代理商的优势，采用较长的渠道，分销效果会更好。

4. 经济形势及政策法规

社会经济形势与政策法规也是运输企业选择分销渠道应考虑的一个重要因素。

（1）社会经济形势好，发展快，运输量增长迅速，渠道的选择余地大；反之，经济萧条、衰退时，运输市场需求下降，企业就必须尽量减少不必要的中间环节，使用较短的渠道。

（2）政策法规也会影响分销渠道的选择，如专卖制度、反垄断法规、综合运输体系的建立等，都对企业分销渠道的选择产生一定的影响。企业应根据一定时期的政策要求，调整分销渠道，适应社会经济发展的需要。

7.2.4 铁路客运分销渠道策略

铁路客运分销渠道策略分为客票销售网络策略与客票销售方式策略。

1. 客票销售网络策略

客票销售网络是由多个客票销售点所构成的网状结构。制定客票销售网络策略的目的是使客票销售的覆盖面更大，离购票者更近，以便最大限度地多售票，减少票额浪费。

（1）客票销售网络策略要解决销售网络的覆盖面问题。

这就要考虑在什么范围有购票需求，凭铁路企业的销售能力，能够辐射到多大范围。过去，铁路客票销售的覆盖区域是客运站周围。没有客运站的区域，远离客运站的区域，旅客购票很难。特别是从一个地区购买另一个地区客运站的车票，就更加困难。铁路运输企业要想扩大售票额，占有更大的客运市场，方便旅客购票，客票销售的覆盖区域必须扩大。不仅客运站附近地区，在更大的范围内都要建立售票点。在远离客运站或没有客运站的地区还要开展"无轨售票"，特别是要大力推广电话订票、网络售票等。

（2）客票销售网络策略要解决销售网点的密度问题。

旅客购票，都有求近、求便的需求。所以说，销售网点越密，离旅客动身地越近，旅客越满意，购买的可能性也越大。当然，出于经济上的考虑，也不是越密越好，还有个适度的问题。过去，铁路客票销售网点过于稀疏，甚至一个城市只有一个售票处，大城市售票处也不多，旅客常常要跑很远的路，花很长的时间才能买到车票。近年来，铁路客票销售点逐渐多了起来，极大地方便了旅客购票。

（3）客票销售网络策略要解决设立什么样的售票点的问题。

铁路客票销售有两种形式。一是直接售票，由铁路企业自己出资、出人设立售票点，例如客运站和各地设立的售票处、候车室及站台处的应急售票窗口、在列车上售票，以及流动售票车等。这种售票形式是铁路客票销售的主要形式，其优点是便于企业进行管理。二是间接售票，实行客票销售代理制。铁路委托其他运输方式的售票处、银行办事处、大型商场、高级宾馆等代售铁路客票。其优点是投资少或不投资就可以迅速增加售票网点，并可节省日常开支；另外，由于代售铁路客票对代售者也有利，可助其汇聚人气，扩大营业范围，同时获取代理费，但此方式的不足之处是渠道的管理难度较大。代售者由于利益的驱使，可能多收代理费，加重旅客的经济负担；也可能不顾铁路规定，把大量的票售给票贩子。所以，一定要选好代理者，要选择那些经营作风好、信誉高的单位合作；还要严格客票代理制度，明确双方的权利和义务，明确违约责任，明确代理关系的中止和废除条件，对屡次严重违约不改的，要坚决中止其代理权。

（4）客票销售网络策略要注意对售票方式进行创新。

① 网络购票。网络购票已经越来越成为旅客购买火车票的主流方式。旅客只需前往12306 官方网站，登录账号后选择"购票"，输入出发地和目的地并选择出发日期后，便可购买想要的火车票。首次在 12306 网站购票需要先下载压缩包，安装网站根证书，然后要填写姓名、电话进行注册，并激活网站的账号，同时需要进行身份验证。

网络购票的优势在于方便快捷，但有时也会出现 12306 网站负载过量导致网页打开较慢，以及面对抢票软件遭遇不公平等现象。

② 12306 手机 App 购票。在通过手机购票需要先下载安装 12306 官方 App，如果是第一次使用互联网购票的方式，同样也需要在 App 上注册账户并登录，然后才能开始购票。使用手机 App 购票的优势是可以随时随地查看票务情况，发现有票放出便可立即下单，方便、灵活。

③ 电话订票。电话订票的预售期与网络购票一样，旅客需要拨通电话订票热线 95105105，根据语音提示转到订票系统，电话订票适合不方便上网及距离火车站等售票点较远的旅客。

使用电话订票，需要输入乘车站和到达站所在城市的电话区号，选定电话区号后需要选择到发站、乘车日期和乘车时间段，也可输入车次号订票。电话订票成功后，旅客需要在 24 h 内到代售点或售票窗口付费取票，过期订单将作废。

④ 推行无纸化的电子客票。随着技术的进步，铁路部门已全面实行电子客票。无论旅客是在 12306 网站上、铁路 12306 手机 App 上，还是在售票窗口、自动售票机上买票，铁路部门都不再出具纸质车票。

车票以二维码的形式出现在旅客的手机上，从手机上调出车票二维码后，只要在车站的验票闸机轻轻扫一下，就能直接乘车，持二代身份证、外国人永久居留证、港澳台居民居住证、港澳居民来往内地通行证、台湾居民来往大陆通行证这五种可机器识读证件的旅客，可直接使用证件自助核验及检票乘车。目前电子客票已占据 99% 的比例，未来在绝大多数一、二线城市，将同时开通"刷脸进站"，即使没有带身份证，只要进站前，在"刷脸快速通道"，对着"人脸识别"机器，就可以直接进站乘车。旅客如需报销凭证，可在乘车后 180 天内，在售票窗口、自助售票机打印注明"仅供报销使用"字样的乘车凭证。

2. 客票销售方式策略

客票销售方式也关系到客票能否顺畅地售出。制定客票销售方式策略要努力使客票销售更容易让旅客接受，更有利于市场竞争。具体的铁路客票销售方式策略主要有以下几种。

1）定点售票策略

定点售票是指在客票销售处或代售处开展售票业务。

（1）多开售票窗口，延长售票时间，实行 24 h 不间断售票，使旅客随时可以买到票，减少等候时间，减轻旅客排长队的烦恼。

（2）实行计算机售票和计算机联网售票。实行计算机售票，可提高售票的速度。可不分窗口购票，在一台售票计算机上，能销售任一方向、任一到站的票，实现一处有票，处处有票。旅客在联网的任一售票计算机上都能买到车票，还使异地售票成为可能。旅客在本地就可购买其他地区发车的车票，这在铁路客票销售上是一个革命性的进步。

（3）对团体购票特殊照顾。为吸引旅客多购票，一次订票若干张以上的购票人员，可不在窗口排队，而进入客票营销中心的洽谈区，坐在沙发上，边喝水，边与营销人员办理手续。

2）流动售票策略

流动售票是使用流动售票车，派出人员到客流较大的市场、军营、厂矿、学校、宾馆或大型活动的会场售票。其特点是机动性强，可以主动地根据客流情况选择售票地点，积极地抢夺客运市场。

另外，实行电话订票、网上订票并且提供送票上门服务，可使旅客订票更方便；部分特殊车次可实行先上车、后买票，这可使旅客像乘公共汽车一样，不必另外安排时间买票。

3）客票品种多样化策略

旅客的旅行特点是不同的，实行客票品种多样化，可使不同旅行特点的旅客各购所需。如向短时间内进行往返旅行的旅客发售往返票，可使其减少多次购票的过程；向在不同时期同一区间多次旅行的旅客发售月票、季票、年票；向通勤旅客发售市郊通勤票；向利用不同运输方式连续旅行的旅客发售联程票，这些措施大大方便了旅客，使旅客体验到铁路出行的便利与舒心。

4）付款方式多样化策略

对于旅客来说，不同的付款方式会有不同的感受。随着时代的发展，单一的现金付款方式已不适合广大旅客的要求，可允许用多种付款方式购票，如用信用卡购票、移动支付购票等。

这里重点介绍一下"中铁银通卡"。"中铁银通卡"是中国铁路总公司与中国银行联合推出的一种消费卡。此卡属于预付卡，类似公交一卡通，已经在高速铁路线路率先使用。

"中铁银通卡"仅限于持卡人本人使用，不取现、不计息、不可透支，有效期标注在卡片正面，过期后需到指定售卡网点办理换卡手续。

"中铁银通卡"刷卡乘车时，金卡按一等座票价扣款，银卡按二等座票价扣款，旅客可以持卡坐车厢的预留席。

按照中国人民银行对预付卡的有关规定，使用"中铁银通卡"向卡内充值时不提供发票，旅客可在乘车后 31 日之内到铁路指定窗口打印车票作为报销凭证。

"中铁银通卡"持卡人预存一定金额后，联机账户支持持卡人在铁路售票窗口、铁路客运车站内自助售票设备和中国铁路客户服务中心网站等处使用联机消费功能，电子现金账户支持持卡人在铁路管理部门指定的区段内直接刷卡乘车等脱机消费功能，这些功能极大地方便了"中铁银通卡"的持卡人。

5）改善服务策略

铁路客运产品分销渠道是否畅通，还与售票处的服务设施与服务态度有关。售票处卫生整洁，可以为旅客购票创造良好的购票环境。售票处秩序井然，有人维持治安，制止犯罪，实行"一米线购票"，旅客会有安全感。售票处服务设施齐备，有列车时刻表与客票价格表、票额公布板，有专门的咨询人员，旅客会感到很方便。更重要的是要提高售票人员的售票技能和改善其服务态度。售票技能高，则会加快售票速度、减少误差；服务态度好，文明、礼貌、热情、周到，像推销商品一样销售车票，会使旅客感到温暖，并对铁路产生好感。

7.2.5 运输产品代理

在运输产品分销渠道中，同样存在为运输生产者和运输需求者提供中介服务的运输中间商。在前边的内容中已经讲过，运输企业一般都会选择运输代理商作为运输中间商。

运输代理是指以完成客货全过程位移为目的，为运输企业和运输需求者提供各种运输中介服务的行为，即在整个运输经营过程中，旅客、货主同承运人之间，并不直接接触，而是以各种不同的形式，分别通过其代理人进行运输业务活动。在运输代理活动中，运输代理人既是托运方的代理人又是承运方的代理人，具有承托双方代理人的双重地位。运输代理具有客、货源组织，提供运输服务，运输信息咨询等一系列功能，因此，发展运输代理，是铁路运输企业强化分销渠道管理的必由之路。

运输代理按照业务内容可分为货运代理、客票代理和运输咨询代理三类。这里介绍后面两类。

1. 客票代理

为方便旅客购买车票，铁路运输企业可委托客票代理企业利用客票发售和预订系统联网发售车票。这里重点介绍旅行社客票代理的相关情况。

为方便团体用户办理铁路团体票，铁路部门开通了旅行社团体票订票系统，系统利用互联网的优势，将旅行社和铁路部门之间票额申请和批复的交互通过 12306 网站来实现，系统根据需求自动或人工辅助配票，完成包括用户认证、需求登记、审核配票、确认支付、取票、退票等环节。

要开通这个功能，旅行社需向所在地车站提出办理互联网旅游团体票资质的申请，并提供有效的企业法人营业执照副本和复印件、组织机构代码证及复印件、税务登记证及复印件、法人有效身份证复印件等材料，铁路部门审批后签发证书，并签订相关协议。

旅行社团体订票可订张数上限为 1 000 张，无下限，旅行社提交申请后，车票预售期外的车票，铁路部门于开车前 32 天审批，预售期内（开车前 10 天以上）的车票，次日即可审批。

铁路部门这一政策的实施，对旅游企业产生了积极的影响。自开通网上订票以来，旅行社一度失去了团体订票优势，团队旅游火车票难以保证着实是一件让旅行社头疼的大事，随着这个问题得以解决，旅行社的优势明显提升。

2. 运输咨询代理

运输咨询代理是指代理人应委托人的要求，提供有关运输方面的情报、资料、数据等信息，并向委托人收取一定报酬的行为。现代社会的专业化分工越来越细，信息量越来越大，运输过程又涉及许多方面和环节，具有较强的专业性，因此，运输咨询代理在帮助旅客或货主选择合理运输方式和路线、核算运输成本、研究运输规章上起着很大的作用。

任务小结

分销渠道策略关系到企业在什么地点、什么时间、由什么组织向消费者提供商品和劳务。运输企业应选择经济、合理的分销渠道，把商品提供给目标市场。影响分销渠道类型选择的因素包括渠道的长短、宽窄决策，中间商的选择，以及分销渠道的分析评价和变革等内容。

思考与练习

1. 铁路运输产品分销渠道的含义是什么？
2. 影响铁路运输企业分销渠道类型选择的因素有哪些？
3. 简述铁路运输产品分销渠道的特点。

任务 7.3 高速铁路运输企业分销渠道管理

工作任务

掌握分销渠道管理的评估方法。

任务解析

通过对分销渠道管理的评估方法等知识的学习，掌握高速铁路运输企业分销渠道管理的知识。

相关知识

分销渠道管理。

任务实施

7.3.1 分销渠道管理概述

企业管理人员在进行渠道设计之后，还必须对个别中间商进行选择、激励、评估和调整。

（1）选择渠道成员。总的来说，知名度高的、实力雄厚的企业很容易找到适合的中间商；而知名度低的、新的、中小企业较难找到适合的中间商。无论难易，企业选择渠道成员时都应注意以下条件：能否接近企业的目标市场；地理位置是否有利；市场覆盖范围有多大；中间商对产品的销售对象和使用对象是否熟悉；中间商经营的商品大类中，是否有相互促进的产品或竞争产品；资金大小，信誉高低，营业历史的长短及经验是否丰富；拥有的业务设施，如交通运输、仓储条件、样品陈列设备等情况如何；从业人员的数量多少，素质的高低；销售能力和售后服务能力的强弱；管理能力和信息反馈能力的强弱。

（2）激励渠道成员。企业不仅要选择中间商，而且要经常激励中间商使之尽职。企业必须尽量避免激励过分（给中间商的条件过于优惠）和激励不足（给中间商的条件过于苛刻）两种情况。

（3）评估渠道成员。企业除了选择和激励渠道成员外，还必须定期地、客观地评估他们的绩效。如果某一渠道成员的绩效过分低于既定标准，则需找出主要原因，同时还应考虑可能的补救方法。当放弃或更换中间商将导致更坏的结果时，企业只好容忍这种令人不满的局面；为了避免出现更坏的结果，企业应要求工作成绩欠佳的中间商在一定时期内有所改进，否则就要取消它的资格。

（4）调整渠道结构。根据实际情况、渠道成员的实绩，对渠道结构加以调整：增减渠道成员，增减分销渠道，改变分销系统等。

7.3.2 高速铁路运输企业分销渠道管理

1. 选择运输代理商

高速铁路运输企业在选择运输代理商时，必须明确代理商应具备的条件和特点。高速铁路运输企业可以综合考评他们的开业年限、业务范围、设备情况及发展状况、财务支付能力、协作愿望、经营管理水平和信誉、业务人员的素质和协作态度等。

2. 激励运输代理商

运输代理商是独立的经济实体，他们一方面是旅客和货主的采购者和代言人，另一方面又和两种以上的运输企业保持着联系，有权选择各种运输方式。高速铁路运输企业通过合同与代理商合作的同时，还要不断地激励代理商，使其能为高速铁路运输企业吸引更多的客源。

1）利用有效手段激励代理商

激励代理商的基本出发点是了解代理商的需要和愿望，并据此采取有效的激励手段。激励手段一般有奖励、惩罚、分享管理权等方式。

（1）奖励。对于工作成绩突出的代理商，可以采用提高其佣金、享受更多的运价回扣等方式，激励他们努力工作。

（2）惩罚。对工作不负责任或业绩不佳的代理商，可以通过警告、惩罚甚至取消合作关系等方式，迫使其努力工作。

（3）分享管理权。高速铁路运输企业与代理商通过合同、契约等形式联合起来，建立密切的协作关系，并由高速铁路运输企业牵头，同代理商共同协商经营管理方面的问题，努力减少双方的冲突。

应该注意的是，高速铁路运输企业对代理商的激励要适度，应以能增加渠道利润为原则。如果给予代理商过多的优惠条件，尽管能刺激代理商的销售积极性，但并不一定能获得更高的利润，甚至会造成利润下降，这样就失去了激励的意义。

2）加强与代理商的合作

（1）与代理商建立长期合作关系。由于代理商在客源和货源组织方面有较大优势，高速铁路运输企业应与部分代理商结成长期合作的关系。高速铁路运输企业要认真研究在销售区域、市场开发、行业规范、服务水平、市场信息等方面与代理商之间的相互要求，然后根据实际情况，与代理商共同制定有关政策，并按照代理商执行这些政策的程度确定"奖惩方案"，对代理商进行考核。

（2）提供符合市场需求的产品。运输代理商在选择运输方式之前，要综合考虑运输企业的服务水平是否能满足需求，例如在时间上能否满足客户需求，价格是否合理等。高速铁路运输企业要根据运输市场的需求，提供符合市场需求的产品来满足客户的需求。

（3）加强促销活动。高速铁路运输企业应积极开展促销活动，利用各种广告媒体，推销自己的产品，这样会使代理商获得更多的代理报酬，从而促进双方的密切合作。

（4）合理分配利润。高速铁路运输企业要充分利用定价策略，根据代理商的客源组织情况、任务完成情况等对其进行综合评价，以此作为双方利润分配的标准。

（5）资金的支持。对于信誉较好、完成任务较好的代理商，高速铁路运输企业可以考虑在付款期限、付款方式等方面给予一定的优惠，确保双方长期保持良好的合作关系。

3. 分销渠道的评估

对代理商的工作业绩要定期进行评估。评估的目的是及时发现存在的问题，以便有针对性地解决问题，提高渠道的分销效率。

4. 调整分销渠道

为适应运输市场环境的变化，现有的分销渠道方案经过一段时间的运作后，往往需要加以修改和调整。促使企业调整分销渠道方案的主要原因是运输产品消费者购买方式的变化、市场的扩大或缩小、新分销渠道的出现等。另外，现有渠道结构通常不可能总在既定的成本下带来最高效的产出，随着渠道成本的递增，也需要对原有的渠道结构加以调整。

高速铁路运输企业调整分销渠道有以下三种形式。

1）调整某一分销渠道成员

进行这种调整时，需要进行经济增减分析，即分析增加或减少某个代理商将会对企业利润带来何种影响，影响程度如何。高速铁路运输企业如果决定增加运输代理商，则不仅要考虑这样做后将带来多大的直接利益（运量的增加额），而且要考虑对其他代理商的需求、成本和情绪会产生什么影响。

2）调整某一分销渠道

若增减个别代理商不能解决问题时，企业就应考虑采取增减某一条分销渠道的措施。例如在铁路暑运时，大中专院校集中的城市，学生票的发售量很大，为了方便学生购票并能够充分利用增开车次的运输能力，高速铁路运输企业可以考虑在学校附近设立学生票代理商，这就需要临时增加一条分销渠道。在做这样的决定时，也需要广泛地对可能带来的直接、间接影响及效益进行系统分析。

3）调整、改进分销渠道方案

调整、改进分销渠道涉及对高速铁路运输企业现有的分销渠道方案进行通盘调整。这类调整难度最大，因为它不是对原有渠道进行修修补补，而是要全面调整企业的分销渠道方案，此时应该慎重决策。

5. 分销渠道成员间矛盾的协调

高速铁路运输企业分销渠道是一个复杂的系统，这一系统中的高速铁路运输企业、代理商等成员由于在运输产品生产和销售过程中所处的地位不同，其目标和任务往往存在各种各样的矛盾。例如，高速铁路运输企业可能会通过各种优惠条件追求稳定的客源，而中间商往往会通过高价来追求更大的利润。不管分销渠道设计得如何优良，管理如何优秀，当渠道成员对交易条件等问题意见不一致时，必然会产生冲突，需要妥善地加以协调和解决。

1）分销渠道冲突的类型

分销渠道冲突主要有两种形式，即垂直渠道冲突和水平渠道冲突。

（1）垂直渠道冲突，即同一条分销渠道中不同层次之间的冲突。例如，高速铁路运输企业与运输代理商之间，可能就运价、促销策略等方面的问题发生矛盾冲突。

（2）水平渠道冲突，即分销渠道内同一层次成员之间的冲突。例如，不同运输代理商之间的区域市场冲突、运价折扣冲突等。

2）解决分销渠道冲突的方法

分销渠道冲突有些是结构性的，需要通过调整分销渠道的方法来解决，有些则是功能性的，可以通过管理手段来加以控制。管理控制的主要方法有以下几种。

（1）确立和强化共同目标。不管职能有何差异，分销渠道成员有其共同目标，如市场份额、产品的质量、消费者的满意程度等。特别是在受到外部竞争威胁时，分销渠道成员会更深刻地体会到实现这些共同目标的重要性。高速铁路运输企业要有意识地激发中间商的共同目标意识，引导他们密切合作，战胜威胁，追求共同的最终目标。

（2）在两个或两个以上分销渠道成员之间交换人员。互相派员到对方相关部门工作一段时间，促进彼此之间的了解，更好地从对方角度来考虑问题。

（3）合作。这是指一个组织为赢得另一个组织的支持所做的努力，包括邀请对方参加咨询会议、内部决策会等，使他们感到其建议受到重视；表示合作诚意并根据对方意见合理修订己方政策，有效减少冲突。

（4）发挥行业组织的作用。加强营销渠道成员之间的业务沟通。例如，可以定期组织运输代理商进行业务培训、召开专题研讨会，对运输代理工作中的一些难以解决的问题广泛交换意见，促进各方做好工作。

任务小结

分销渠道管理是企业营销系统的重要组成部分，进行科学、合理的分销渠道管理，对于高速铁路运输企业的生产经营活动起着极为重要的作用。

思考与练习

1. 简述如何进行分销渠道管理。
2. 分销渠道的评估标准有哪些？
3. 高速铁路运输企业调整分销渠道有哪几种形式？

项目 8

高速铁路运输市场促销策略

⚑ **思政目标**

● 通过学习高速铁路运输市场促销策略知识与技能，体会我国铁路以"人民至上"为出发点，创新运输产品促销手段。

"铁路畅行"常旅客会员

"铁路畅行"常旅客会员是中国铁路统一对外会员服务品牌。通过提供全方位、差异化、高品质的会员服务，进一步优化铁路客运服务有效供给，为广大旅客乘坐火车出行提供多样化、个性化的普惠服务。会员乘车或参与铁路活动可获得积分，积分可用于兑换铁路指定列车车票、铁路部门提供的其他服务或产品。

"铁路畅行"常旅客会员的推出标志着中国铁路服务营销进入了一个新阶段。它的背后有着不同寻常的意义。

铁路部门通过会员制更好地绑定乘客，让乘客出行优先选择铁路运输方式，提高乘客的忠诚度。通过会员制的推进更好地了解乘客的行为信息，收集数据，形成数据资产。铁路客运数据如果很好地进行分析和利用，将会挖掘出非常巨大的价值，比如优化运营路线等。随着数据的积累，流量的聚集，可以发挥的营销空间很大。

铁路部门推出的"铁路畅行"常旅客会员服务可以称得上是中国铁路向互联网化转型迈出的非常重要的一步。

任务 8.1 高速铁路运输企业促销策略概述

工作任务

掌握促销的概念、作用、类型、方式。

任务解析

通过对促销的概念、作用、类型、方式等知识的学习，掌握高速铁路运输企业的促销策略知识。

相关知识

影响企业促销组合的因素。

任务实施

8.1.1 促销的概念

促销即促进销售，旨在向消费者传递有关本企业及产品的各种信息，说服或吸引消费者购买其产品,以达到扩大销售量的目的。

促销实质上是一种沟通活动,即营销者(信息提供者或发送者)发出刺激消费的各种信息,把信息传递到一个或更多的目标对象(信息接收者,如旅客、货主、听众、观众、读者或用户等),以影响其态度和行为。

促销作为一种沟通活动,为说服消费者所采取的信息传递方式可分为两种:一种是单向传递,即单方面将商品和服务信息传递给消费者;另一种是双向传递,即买卖双方互通信息,双方既是信息的发出者,也是信息的接收者。通过信息双向传递,一方面向消费者介绍商品或服务,激发其购买欲望;同时,直接接收消费者的反馈信息,从而达到不断完善商品或服务的效果。有的学者把信息单向传递方式称为传统促销,把信息双向传递方式称为现代促销。

8.1.2　促销的作用

促销活动是市场营销活动的重要组成部分,其主要作用如下。

1. 传递产品销售信息

在产品正式进入市场以前,企业必须及时向中间商和消费者传递有关的产品销售信息。通过信息的传递,使社会各方了解产品的情况,建立起企业的良好声誉,引起消费者的注意和好感,从而为企业产品的销售创造前提条件。

2. 创造需求,扩大销售

企业只有针对消费者的心理动机,通过灵活有效的促销活动,诱导或激发消费者某一方面的需求,才能扩大产品的销售。通过企业的促销活动来创造需求,发现新的销售市场,从而使市场需求朝着有利于企业销售的方向发展。

3. 突出产品特色,增强市场竞争力

企业通过促销活动,宣传本企业的产品与竞争对手产品相比的不同特点,以及给消费者带来的特殊利益,使消费者充分了解本企业产品的特色,引起他们的注意和购买欲望,进而扩大产品的销售,提高企业的市场竞争能力。

4. 反馈信息,提高经济效益

通过有效的促销活动,使更多的消费者或用户了解、熟悉和信任本企业的产品,并通过消费者对促销活动的反馈,及时调整促销决策,使企业生产经营的产品适销对路,扩大企业的市场份额,巩固企业的市场地位,从而提高企业的经济效益。

5. 缩短入市的进程

使用促销手段,旨在对消费者或经销商提供短程激励。在一段时间内调动消费者的购买热情,培养消费者的兴趣和使用爱好,使消费者尽快地了解产品。

6. 激励消费者初次购买

消费者一般不愿冒风险对新产品进行尝试,但是促销可以让消费者降低这种风险意识,降低初次消费成本,接受新产品。

7. 激励再次购买

当消费者试用了产品以后,如果是基本满意的,可能会产生重复使用的意愿,但这种消费意愿在初期可能是不强烈的、不可靠的。促销可以帮助消费者强化这种意愿。如果有一个持续的促销计划,则可以使消费群基本固定下来。

8. 提高销售业绩

毫无疑问，促销是一种竞争，它可以改变一些消费者的使用习惯及品牌忠诚。因受利益驱动，经销商和消费者都可能大量进货与购买，因此，在促销阶段，销量常常会有大的提升。

9. 带动相关产品市场

促销的第一目标是完成促销产品的销售，但是，在甲产品的促销过程中，有时可以带动相关的乙产品的销售。比如，茶叶的促销，可以推动茶具的销售。当卖出更多的咖啡壶的时候，咖啡的销售就会增加。

8.1.3 促销的类型及相应特点

企业的促销策略是其总体市场营销计划的重要组成部分，其主要类型及相应特点如下。

1. 直接营销

（1）特定性。信息发送到特定的人而非公众。

（2）及时。信息发送极为迅速。

（3）交互性。信息交流是双向的，信息内容可根据受众反应而改变。科技发展使利用网络进行营销的公司日益增多。

铁路12306微信公众号发布列车加开信息进行直接营销，如图8-1所示。

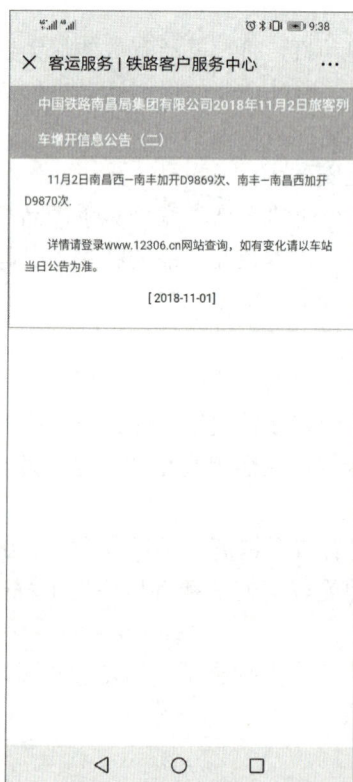

图 8-1 铁路 12306 微信公众号发布列车加开信息

2. 人员推销

（1）面对面沟通。营销人员常以一种直接、生动、与客户相互影响的方式进行营销活动。

营销人员在与客户的直接沟通中，通过直觉和观察，可以探究消费者的动机和兴趣，从而调整沟通方式。

（2）人际关系培养。营销人员与消费者在交易关系的基础上，建立与发展其他各种人际沟通关系，人际关系的培养使营销人员可以得到消费者更多的理解。

高速铁路客运产品作为铁路客运产品中的中高端产品，需要有一个专业的促销团队。这个团队的成员不仅要具备扎实的基础业务能力，熟悉动车组各车次特性和票额发售状况，还应具备良好的沟通技巧，能根据旅客的层次和需求推销适当的车次和座席。

3. 广告

（1）公开展示性。广告是一种高度公开的信息沟通方式，其使目标受众联想到相关的产品，进而产生购买行为。

（2）普及性。广告突出"广而告之"的特点，销售者可以多次反复向目标受众传达这一信息，消费者可以比较同类信息。

（3）艺术的表现力。广告可以借用各种形式、手段与技巧，让一个公司及其产品得到戏剧化表现的机会，增强其吸引力与说服力。

（4）非人格化。广告是非人格化的沟通方式，广告的非人格化决定了在沟通效果上，其不能使目标受众直接完成行为反应。这种沟通是单向的，受众无义务必须去注意和做出反应。

广告一方面适用于树立一个公司或产品的长期形象，另一方面，它能促进快速销售。从其成本费用看，就传达给处于广阔地域而又分散的广大消费者而言，广告每个传播点的成本相对较低，因此，其是一种较为有效，并被广泛使用的沟通促销方式。

4. 销售促进

（1）迅速的吸引作用。销售促进可以迅速地引起消费者注意，把消费者引向购买。

（2）强烈的刺激作用。通过采用让步、诱导和赠送的办法带给消费者某些利益。例如，在高速铁路列车上，高速铁路餐饮部门推出购买盒饭加贰元赠送饮料的销售促进活动，有效地提升了旅客的消费热情。

（3）明显的邀请性。销售促进以一系列更具有短期诱导性的手段，表达邀请消费者前来与之交易的倾向。

在促销活动中，运用销售促进方式可以产生更为强烈、迅速的反应，快速扭转销售下降的趋势，然而，它的影响常常是短期的，销售促进不适用于形成产品的长期品牌偏好。

5. 公关关系

（1）高可信度。新闻故事和特别报道比起广告来，其可信度要高得多。

（2）消除防卫。消费者对营销人员和广告或许会产生回避心理，而公关宣传是以一种隐避、含蓄、不直接触及商业利益的方式进行信息沟通，从而可以消除消费者的回避、防卫心理。

（3）新闻价值。公关宣传具有新闻价值，可以引起社会的良好反应，甚至产生社会轰动效果，从而有利于提高公司的知名度。

企业运用公关宣传手段也要支出一定的费用，但这与广告或其他促销工具花费的费用相比要低得多。公关宣传的独特性质决定了其在企业促销活动中的作用，如果将一个恰当的公共宣传活动同其他促销方式协调起来，可以取得极大的效果。

8.1.4　促销的方式

1. 降价式促销

降价式促销指将商品按低于正常的价格出售，例如"库存大清仓""节庆大优惠""每日特价商品"等促销方式。

2. 有奖式促销

消费者有时总想试试自己的运气，所以"抽奖"是一种极有效果的促销活动。抽奖活动设置相关奖项，极易激起消费者参与的兴趣，其可在短期内对销售产生明显的效果。

3. 打折式优惠

一般在适当的时机，如节庆日、换季时节等，以低于商品正常价格的售价出售商品，使消费者获得实惠。

4. 竞赛式促销

竞赛式促销是融激励性与参与性为一体的促销活动，通过比赛来凸显主题或介绍商品，除了可打响商品的知名度外，更可以增加销售量，例如举办喝啤酒比赛等活动来促进啤酒销售。

5. 免费品尝和试用式促销

促销时，可以在比较显眼的位置设专柜，邀请消费者免费品尝新口味的食品。非食品和其他新商品实行免费赠送、免费试用，鼓励消费者使用新商品进而产生购买欲望。许多连锁百货店设有美容专柜，免费为愿意试用新品牌化妆品的消费者做美容。

6. 焦点赠送式促销

想吸引消费者持续购买，并提高品牌忠诚度，焦点赠送是一种非常理想的促销方式。这一促销方式的特点是消费者要连续购买某商品或连续光顾某零售店数次后，累积一定的积分，用积分去兑换赠品或获得按折扣价购买的资格。

7. 赠送式促销

赠送式促销是在卖场设专人向消费者免费赠送某一种或几种商品，让消费者现场品尝、使用。这种促销方式通常是在统一推出新商品时或老商品改变包装、性能时使用。其目的是迅速向消费者介绍和推广商品，争取消费者的认同。

例如，高速铁路商务座旅客可享购买正餐时赠送饮料和小食品的服务，有的线路还会为旅客提供免费品尝特产的服务。这些营销活动，可以让旅客充分感受到高速铁路的优势，有助于打造高速铁路品牌。

8.1.5　影响企业促销组合的因素

企业要有计划、有目的地把人员推销、广告、公共关系、销售促进等方式结合起来，进行综合运用，形成完整的促销组合。企业对促销组合的选择和运用，受产品性质、市场性质、产品生命周期、促销费用等多种因素的影响。

1. 产品性质

对于不同性质的产品，促销方式应有所不同。一般来说，消费品买主数量众多，地理区域分散，对技术性能要求不高，产品售价较低，最适宜的促销方式首先是广告，其次为销售促进、人员推销和公共关系中的宣传报道等。工业品市场的买主数量较少，地理分布集中，对产品的技术性能要求不一，产品价值较高，人员推销则是主要的促销方式。

2. 市场性质

企业要根据市场的性质来设计促销策略，即应按照市场的类型、规模及地区分布情况等，有侧重地选用不同的促销手段。一般来说，对于家庭、个人等分布广泛、潜在数量很大的消费者，应当以广告、销售促进为主要促销形式，充分发挥广告宣传范围广，销售促进能够激发购买行为等特点，来吸引广大的消费者。对于相对集中、数量有限的目标市场，则应以人员推销为主要促销手段，发挥其介绍情况详细，可直接解答技术问题，并能保持良好关系等优势。

3. 产品生命周期

企业对处在生命周期不同阶段的产品，促销活动的目标与侧重点往往不同，促销方式的组合也不一样。一般来说，在产品处于介绍期时，企业的促销目标主要是提高产品的知名度，因而，促销方式以广告为主，辅以相应的宣传报道。为了鼓励消费者试用产品，可在销售地点进行适度的销售促进活动。当产品进入成长期后，促销目标是要增加消费者的兴趣，促使他们购买企业产品，因此，广告仍是企业促销活动的主要手段，但在内容与形式上应有所改变，比如以说服型广告为主。在产品的成熟期，促销目标是要培养消费者对企业品牌的偏好，增加产品的使用量，广告促销作用有所下降，销售促进作用逐步增强。当产品处于衰退期时，促销目标是要维持市场销量，因而销售促进是企业促销活动的主要方式，广告促销作为辅助手段起到提醒消费者购买的作用。

4. 促销费用

一般来说，人员推销费用最高，广告次之，公共关系、销售促进因具体方式不同，其费用也有高有低。企业应在促销费用总额既定的情况下，选用适当的促销手段，把有限的预算用好，以达到最佳效果。

企业在促销方式的选择上必须通盘考虑，应根据具体情况确定相应的促销策略。

任务小结

促销即促进销售，是企业市场营销组合的一个重要内容。如何使企业的产品信息迅速传递给消费者，实现对消费者进行有效的外部刺激，影响消费者的购买决策过程，诱导消费者购买自己的产品，把潜在的消费者转变为现实的消费者，这些都是促销策略要研究的内容。

思考与练习

1. 怎样理解促销的概念？
2. 促销的方式主要有哪些？
3. 简述影响企业促销组合的因素。

任务 8.2　　高速铁路运输企业人员推销策略

工作任务

掌握人员推销的概念、形式、任务。

任务解析

通过对人员推销的概念、形式、任务等知识的学习，掌握高速铁路运输企业人员推销的策略、技巧。

相关知识

人员推销的特点、步骤。

任务实施

8.2.1　人员推销的概念

人员推销是指通过推销人员深入中间商或消费者进行直接的宣传介绍活动，使中间商或消费者采取购买行为的促销方式。它是人类最古老的促销方式。在商品经济高度发达的现代社会，人员推销这种古老的形式也焕发了青春，成为现代社会最重要的促销形式之一。

8.2.2　人员推销的特点

1. 销售的针对性

与顾客的直接沟通是人员推销的主要特征。由于是双方直接接触，相互间在态度、气氛、情感等方面都能捕捉和把握，有利于销售人员有针对性地做好沟通工作，解除各种疑虑，引导购买欲望。

2. 销售的有效性

销售人员通过展示产品，解答质疑，介绍产品使用方法，使目标顾客能当面接触产品，从而对产品的性能和特点做到心中有数，这易于引发消费者的购买行为。

3. 密切买卖双方关系

销售人员与顾客直接打交道，交往中会逐渐产生相互信任和理解，加深双方感情，建立起良好的关系，容易培育出忠诚的消费者。

4. 信息传递的双向性

在推销过程中，销售人员一方面把企业信息及时、准确地传递给目标消费者，另一方面又把市场信息，消费者的要求、意见、建议反馈给企业，为企业调整营销方针和政策提供依据。

5. 费用支出较大

由于人员推销的开支较大，增加了产品销售成本。

6. 对推销人员要求较高

人员推销的成效取决于推销人员素质的高低。随着科技的发展，新产品层出不穷，对推销人员的要求越来越高。

8.2.3　高速铁路运输企业人员推销的任务

高速铁路运输企业推销人员作为铁路与旅客之间联系的纽带，主要完成以下任务。

1. 挖掘和培养新旅客

销售人员首要的任务是不间断地寻找新旅客，包括吸引潜在旅客和使用竞争运输方式的旅客。积聚更多的旅客资源，是市场开拓的基础。

2. 培育忠实旅客

销售人员应该通过努力与老旅客建立朋友关系，使企业始终拥有一批忠实旅客，这是企业市场稳定的基石。

3. 提供服务

销售人员应该为旅客提供乘车咨询、乘车指导等服务，以服务来赢得旅客的信任。

4. 沟通信息

销售人员应该熟练地传递高速铁路运输企业各种信息，说服、劝导旅客购买本企业的运输服务。在信息传递的过程中，关注旅客对企业服务的信息反馈，主动听取旅客对企业的意见和建议。

5. 产品销售

销售人员努力的最终成果，是高速铁路运输企业客运量的不断增长和列车商品销售量的不断增长。

图 8-2 为高速铁路乘务人员在列车上推销商品。

图 8-2　高速铁路乘务人员在列车上推销商品

8.2.4　人员推销的步骤

1. 寻找客户

识别潜在旅客是推销工作的第一步。寻找旅客时可以通过他人介绍，也可以通过其他线索寻找，还可以随机选取。

2. 接触前的准备

在推销工作开始之前，推销人员必须准备好以下资料：① 高速铁路运输企业和运输产品的资料，如企业的画册、手册等资料。② 旅客的需求，即要通过事先的调查了解旅客的需要、个性特征、购买决策过程等。③ 竞争情况，包括竞争对手产品的特点、价格、竞争能力和市场定位等情况，这有助于旅客进行比较，促进旅客购买。

3. 接触

推销人员与旅客洽谈，首先应给旅客一个良好的印象，使双方的关系有一个良好的开端。这就要求推销人员要有得体的仪表。

4. 讲解

推销人员在介绍高速铁路运输产品时，应采用各种方法引起旅客兴趣，以取得期望的结果。推销人员应始终强调旅客的利益，强调自己的产品带给旅客的利益。

5. 成交

在此阶段，推销人员应努力设法使交易达成。首先，如果旅客有异议，应真诚地请旅客说明提出异议的理由，并加以积极引导。例如，旅客对高速铁路客运产品的运价高于公路有异议时，应重点强调高速铁路在保证旅客安全的前提下实现了快捷、方便。

6. 后续工作

推销人员要确保旅客满意并为下次交易打下良好基础。成交之后，推销人员应积极和相关部门联系，着手做好运输前的准备工作。

8.2.5　人员推销技巧

1. 上门推销技巧

（1）找好上门对象。

（2）做好上门推销前的准备工作，尤其要对产品、服务的情况进行充分了解，以便推销时有问必答；同时对客户的基本情况和要求应有一定的了解。

（3）掌握"开门"的方法，即要选好上门时间，以免吃"闭门羹"，可以采用电话、传真、电子邮件等手段事先交谈或传送文字资料给对方并预约面谈的时间、地点。也可以采用请熟人引见、与对方有关人员交朋友等策略，获取对方的信息。

（4）把握适当的成交时机。应善于体察对方的情绪，在给对方留下好感和信任时，抓住时机发起"进攻"，争取签约成交。

（5）学会推销的谈话艺术。

2. 洽谈艺术

首先注意自己的仪表和服饰打扮，给客户一个良好的印象；同时，言行举止要文明、有礼貌、有修养，要做到稳重而不呆板、活泼而不轻浮、谦逊而不自卑、直率而不鲁莽、敏捷而不冒失。在开始洽谈时，推销人员应巧妙地把谈话转入正题，做到自然、轻松、适时。可采取以关心、赞誉、请教、探讨等方式入题，顺利地提出洽谈的内容，以引起客户的注意和兴趣。在洽谈过程中，推销人员应谦虚谨言，注意让客户多说话，认真倾听，适时表示关注与兴趣，并做出积极的反应。遇到障碍时，要细心分析，耐心说服，排除疑虑，争取推销成功。在交谈中，语言要客观、全面，既要说明优点所在，也要如实反映缺点，切忌高谈阔论、"王婆卖瓜"，让客户反感。

3. 排除推销障碍的技巧

（1）排除客户异议。若发现客户欲言又止，自己应主动少说话，直截了当地请对方充分发表意见，以自由问答的方式真诚地与客户交换意见。对于一时难以纠正的偏见，可将话题转移。对恶意的反对意见，可以"装聋扮哑"。

（2）排除价格障碍。当客户认为价格偏高时，应充分介绍和展示产品、服务的特色和价值，使客户感到"一分钱一分货"；当客户认为价格偏低时，应介绍定价低的原因，让客户感到物美价廉。

（3）排除习惯性障碍。实事求是地介绍客户不熟悉的产品或服务，并将其与他们已熟悉的产品或服务相比较，让客户乐于接受新的消费观念。

8.2.6　高速铁路运输企业推销人员队伍建设

高速铁路运输企业为了适应市场经济的需要，必须建立营销机构和队伍。可以按照以下方法进行推销人员队伍的建设。

1. 按地区划分

按地理区域配备推销人员，设置销售机构，推销人员在规定的区域负责销售高速铁路运输企业的各种产品。其优点是责任明确，有助于与客户建立牢固的关系，可以节省推销费用。

2. 按产品划分

按产品配备推销人员，设置销售机构，每组推销人员负责一种产品，如设置散客推销组，机关团体、大客户推销组等。

3. 按旅客类别划分

按某种标准（如行业、客户规模）将旅客分类，再据此配备推销人员，设置销售机构。其优点是能满足不同旅客需求，提高推销成功率，缺点是增加推销费用和难以覆盖更广市场。

4. 复合式

将上述三种方法结合起来，或按区域—产品，或按区域—顾客，或按区域—产品—顾客来组建销售机构和分配推销人员。通常大型高速铁路运输企业拥有多种产品且销售区域相当广阔时适宜采用这种方法。

8.2.7　高速铁路运输企业推销人员的选择

高速铁路运输企业可从众多的社会应聘者中挑选素质较好的人员来充当企业的推销人员，也可从企业现有人员中选拔和培养。

一名合格的推销人员应具备以下条件。

（1）推销人员必须对所代表的高速铁路运输企业有一个全面的了解。熟悉企业发展史，对公司历年财务、人员状况、领导状况及技术设备都了如指掌，因为这些知识都有助于增强旅客对推销人员的信任感。推销人员还必须掌握企业经营目标和营销策略，并能够进行灵活运用和解释，同时，还应该学会巧妙运用统计资料来说明企业的地位，力争在旅客心目中树立起良好的企业形象。

（2）推销人员应该是产品专家，应全面了解运输产品的情况，熟悉运输产品性能、特点、价格，还应全面掌握运输产品种类、设备状况、服务项目、定价原则、交易方式等，另外，还必须了解竞争产品情况。

（3）推销人员一方面需要了解旅客购买运输产品的可能性及其希望从中得到的利益，另一方面还需要了解旅客购买决策的依据，旅客购买决策权在谁手中，谁是购买者，谁是使用者。了解旅客的购买条件、方式和时间，深入分析不同旅客的心理、习惯、爱好和要求。

（4）推销人员还要掌握营销策略，市场供求情况，潜在顾客数量、分布、购买动机、购买能力，有关法规等相关知识。

（5）优秀的推销人员还应具备良好的文化素质。对推销人员来说，同行竞争的焦点往往是文化素质的差异。在文化素质方面，要求推销人员具有一定的专业知识，如经济学、市场学、心理学、经济法、社会学等。除此之外，推销人员还应在文学、艺术、地理、历史、哲学、自然科学、国际时事、外语等方面充实自己。博学多才是推销人员成功的重要因素。

（6）推销人员也应具备相应的法律素质，工作中要有强烈的法律意识和丰富的法律知识。推销工作是一种复杂的社会活动，受到一定的法律法规制约。推销过程中，推销人员应注意衡量自己的言行是否合法。

（7）人员推销实际上是一种交际活动。推销人员是企业的"外交官"，其必须掌握必要的推销礼仪。

对于推销人员的个人品质和能力，也可以提出一些要求，但这并不是绝对的。如一般认为推销人员应由性格外向、交际广泛、反应敏捷、表达能力强的人来担当，但在实际工作中，一些性格内向甚至表达能力不强的人，推销成绩也不错。有些营销学者认为，好的推销人员最基本的品质在于两点：一是有感同力，善于从顾客的角度考虑问题；二是有成功欲，能执着地为实现自己的目标而不懈努力。

高速铁路企业员工还应树立全员推销的思想，推销工作应置于基层站段的日常工作中。这就要求铁路售票员提供优质的售票服务，站务员提供优质的站务服务，乘务员提供优质的旅行服务，大家齐心协力进一步提高服务质量，时刻不忘优质服务的宗旨。

任务小结

人员推销是高速铁路运输企业利用推销人员直接与旅客接触、洽谈，以销售高速铁路运输产品的一种促销方式。人员推销既有激发需求、推销高速铁路运输产品的作用，也有收集信息、帮助企业决策的作用。

思考与练习

1. 人员推销的定义是什么？
2. 人员推销的策略有哪些？
3. 简述人员推销的技巧。

4. 简述高速铁路运输企业推销人员的素质要求。

任务 8.3　高速铁路运输企业广告策略

工作任务

掌握广告的概念及作用。

任务解析

通过对广告的概念及作用等知识的学习，掌握高速铁路运输企业广告策略的相关知识。

相关知识

广告的形式、广告的策划。

任务实施

8.3.1　广告的概念

广告，即广而告之，是为了某种特定的需要，通过一定形式的媒体，并消耗一定的费用，公开而广泛地向公众传递信息的宣传手段。广告是企业极有说服力的促销工具。

8.3.2　广告的类型及作用

广告按设计目标的不同，可分为通知广告、劝说广告和提示广告。每种广告有着不同的作用。

1. 通知广告

通知广告主要适用于产品生命周期中的投入期，其主要作用是促使初步需求的产生。例如，在每次调整列车运行图时，应通过报纸、广播、电视，向旅客说明新开或调整列车的发到站、开车时间、中间停车站、票价等，改变旅客原有的印象，避免旅客因误乘而对高速铁路企业产生不满情绪。

2. 劝说广告

劝说广告主要用于产品的成长期。这一时期旅客对某一产品的需求属于选择性需求，还没有形成品牌偏好，其会在不同品牌中进行选择。此时广告的目标，应是劝说旅客购买自己的产品，突出产品特色，培养忠诚旅客。

3. 提示广告

提示广告适用于产品成熟期，其目标是提示旅客不要忘记购买某种产品。通过重复播放或刊登广告以加深目标旅客的印象。例如，我们应常年在车站、列车上发布高速铁路运输产品安全、环保的广告，不断强化旅客的这种认识。

8.3.3　广告的特点

广告这种非人员推销的促销方式具有以下特点。

（1）广告是一种传播工具，是将某一商品的信息，由商品的生产或经营机构（广告主）传送给一群用户和消费者。

（2）做广告需要付费。

（3）广告进行的传播活动是带有说服性的。

（4）广告是有目的、有计划、连续的。

（5）广告不仅对广告主有利，而且对目标消费者也有好处，它可使消费者得到有用的信息。

8.3.4　广告的主要形式

广告主要通过报刊、广播、电视、电影、互联网、路牌、橱窗、印刷品、霓虹灯等媒介或者形式进行展现。

（1）利用报纸、期刊、名录等刊登广告；

（2）利用广播、电视、电影、录像等播映广告；

（3）利用街道、广场、机场、车站、码头等的建筑物或空间设置路牌、霓虹灯、电子显示牌、橱窗、灯箱等进行广告宣传；

（4）在影剧院、体育场（馆）、文化馆、展览馆、宾馆、饭店、游乐场、商场等场所设置、张贴广告；

（5）利用车、船、飞机等交通工具设置、绘制、张贴广告；

（6）通过邮局邮寄各类广告宣传品；

（7）利用馈赠实物的方式进行广告宣传；

（8）利用互联网进行广告宣传（12306网站的餐饮、特产广告如图8-3所示）；

图 8-3　12306 网站的餐饮、特产广告

（9）利用其他媒介和形式刊播、设置、张贴广告。

8.3.5　广告的策划

广告策划是为了用较低的广告费用取得较好的促销效果。广告策划工作包括分析广告机会、确定广告目标、形成广告内容、选择广告媒体等内容。

1. 分析广告机会

进行广告促销，首先要分析针对哪些消费者做广告及在什么样的时机做广告等问题。为此必须搜集并分析有关方面的情况，如消费者情况、竞争者情况、市场需求发展趋势、环境发展动态等，然后根据企业的营销目标和产品特点，找出广告的最佳切入时机，做好广告的群体定位，为开展有效的广告促销活动奠定基础。

2. 确定广告目标

确定广告目标，就是根据促销的总体目的，依据现实需要，明确广告宣传要解决的具体问题，以指导广告促销活动的开展。

3. 形成广告内容

广告的具体内容应根据广告目标、媒体的信息可承载量来加以确定。一般来说，广告内容应包括以下三个方面。

1）产品信息

产品信息主要包括产品名称、技术指标、销售地点、销售价格、销售方式及国家规定必须说明的情况等。

2）企业信息

企业信息主要包括企业名称、历史、声誉、生产经营能力及联系方式等。

3）服务信息

服务信息主要包括技术咨询、结款方式、零配件供应、保修网点分布等。

企业在安排广告内容时还应注意以下问题。

（1）真实性，即传播的信息必须真实可信，不可有夸大不实之词，更不能用虚假广告欺骗消费者。

（2）针对性，即传播的信息应该是目标消费者想了解的，要做到有的放矢。

（3）生动与新颖性，即广告具有吸引力、感染力，要求广告内容应简明易懂、易于记忆，广告形式应生动有趣、富有新意。

4. 选择广告媒体

广告信息需要通过一定的媒体才能有效地传播出去，然而不同的媒体在广告内容承载力、覆盖面、送达率、影响价值及费用等方面互有差异，因此正确地选择广告媒体是一项非常重要的工作。

企业的广告策划人员在选择广告媒体时必须了解各种媒体的特性。常见的广告媒体有印刷媒体、视听媒体、户外媒体、邮寄媒体、网络媒体等。

8.3.6　高速铁路运输企业选择广告媒体的特殊性

高速铁路运输企业由于其产品的特殊性，在选择广告媒体时，与其他行业有很大不同，具体表现在以下几个方面。

1. 广告的区域性强

广告媒介所能达到的范围与企业所要求的广告信息的传播范围要相适应。列车有具体的运行方向和始发点、终到点,所以,一般应选择列车始发地、到达地及沿线的电台、电视台、报纸及其他广告媒体。

2. 广告的时间性强

高速铁路运输企业做广告,主要是展示给用户有关运输时间、地点、价格等方面的信息。如按不同季节开行的旅游列车,其广告并不需要天天出现、多次重复,关键在于广告的及时性,因此,可选用时效性较强的报纸、电台、电视和网络等媒体。

3. 广告的表达方式要多注重实际效果

运输企业的产品是无形的,且产品的规格、种类、型号也很难有视觉上的区分。对广告效果的追求只要求大众能听到、感受到就可以了,因此,对于一般性的铁路企业广告,不一定要选择费用高的电视广告。

任务小结

广告是为了某种特定的需要,通过一定形式的媒体,公开而广泛地向公众传递信息的宣传手段。广告有广义和狭义之分。广义广告包括非经济广告和经济广告,非经济广告指不以营利为目的的广告,又称效应广告,如政府行政部门、事业单位乃至个人的各种公告、启事、声明等,其主要目的是广而告之;狭义广告仅指经济广告,又称商业广告,是指以营利为目的的广告,通常是商品生产者、经营者和消费者之间沟通信息的重要手段,或企业占领市场、推销产品、提供劳务的重要形式,其主要目的是扩大经济效益。

思考与练习

1. 什么是广告?
2. 简述广告的特点。
3. 高速铁路运输企业选择广告媒体的特殊性有哪些?

任务8.4 高速铁路运输企业公共关系策略

工作任务

掌握公共关系的概念及分类。

任务解析

通过对公共关系的概念及分类等知识的学习，掌握高速铁路运输企业公共关系策略的相关知识。

相关知识

公共关系策略。

任务实施

8.4.1　公共关系的概念

公共关系是指企业为获得公众信赖、加深消费者印象而用非付费方式进行的一系列活动的总称。

8.4.2　公共关系策略

要提高企业公共关系工作的有效性，必须恰当运用公共关系策略。公共关系策略的选择，要以一定时期的公共关系目标和任务为核心。

在选择运用公共关系策略时，企业一定要准确分析自身发展和所处环境的特点，分析自身的公共关系状况、公众的基本情况及相关因素，避免因选择不当而劳民伤财，甚至出现适得其反的结果。

8.4.3　公共关系策略的任务

公共关系策略在企业的市场营销活动中有下述两大使命。

1. 树立形象

目前大部分国家的市场已成为供大于求的买方市场。也就是说消费者在这些市场上购买产品时，可以在众多企业的众多产品中挑选，按自己的意愿选择产品，而不是在求大于供的卖方市场，毫无选择的余地。消费者按自己的意愿选择产品，并不是毫无根据的主观臆断，在大多数情况下该意愿是受消费者自身消费经历、众人口碑、广告信息等因素所左右的。上述诸因素对消费者长期不断地影响后，便会在消费者脑海中对某一企业或某一品牌形成某种或好或坏的印象，此印象今后将直接影响消费者对该企业产品或该品牌产品做出或购买或拒绝购买的购买决策。

消费者脑海中这种相对固定的印象在市场营销学中被称为企业形象或产品形象。

当代世界各国的消费者在其经济条件允许的情况下都愿意购买声誉好的著名企业的产品或服务，而不愿意购买声誉不好的企业的产品或服务，也不愿意购买从未听说过的企业的产品或服务。其根本原因就是前者的声誉、实力或其产品的性能、质量、价格或上述几种因素的综合在消费者脑海中有一种好的或较好的形象所致。随着社会生产力的高速发展、产品的极大丰富、市场竞争的日趋激烈，当代企业特别是国际企业所采用的市场竞争手段最初是产品竞争，然后转向促销手段竞争，进而又转向了企业形象的竞争，也就是说由低层次的竞争转向了高层次的竞争。因此，当代市场营销理论认为，企业形象的好坏直接影响着企业的生存与发展。

公共关系学认为企业形象是社会公众对企业内在气质如理念、价值观、道德观、行为准则，以及外在行为表现如产品质量、价格、市场地位、服务态度等的综合评价。

2. 协调平衡

公共关系理论认为，包括企业在内的所有社会组织无一例外，只要存在一天就要与社会上各种各样的组织和群体及个人发生联系或关系，而某种联系或关系之所以会发生或不发生，其根本原因是基于双方的利益。比如，消费者之所以购买某企业的产品是因为觉得物有所值，而且可以满足其某种需求；企业之所以将产品销售给消费者是因为可以从中获得利润，实现企业的经济目标。再如，企业之所以找媒体做广告，是因为媒体可以帮助企业推销产品，而媒体则可以从中获得广告费，增加收益。上述两例是双方利益达到平衡，即双方都对自己获得的利益感到满意的条件下发生的。在很多情况下，双方的利益达不到平衡，这时双方就必然发生摩擦。比如，消费者花高价买了一套商品房后，发现物非所值，设施不全，便向房地产开发公司提出免费增添设施的要求，企业认为不能给予满足，双方就必然发生摩擦。公共关系理论认为，包括企业在内的任何一个社会组织与其他社会组织或公众发生的关系，由于其本质是一种利益关系，因此双方产生不同程度的矛盾与摩擦是必然的，也是正常的。公共关系的任务就是对双方发生的关系进行协调，消除或减少摩擦，最后达到双方利益的平衡，双方都对自己获得的利益感到基本满意，这便是企业公共关系策略的另一个使命或根本任务。

8.4.4 高速铁路运输企业应处理好的几个关系

1. 与消费者的关系

开展公共关系活动要树立以消费者为中心的思想，主动积极地与消费者沟通，处理好与他们的关系。对高速铁路运输企业来说，就是要确立"旅客就是上帝"的思想。处理好与旅客的关系。

（1）做好旅客的需求调查，加强与他们的沟通。高速铁路运输企业要主动、有计划地收集需求信息，切实把握需求动向，同时要积极传递企业经营的各种信息，与旅客保持密切联系。

（2）在为旅客服务中推进公共关系，赢得他们的信任和理解，树立良好的企业形象。

（3）重视旅客的投诉。企业公关人员无论遇到何种投诉，都应认真对待和处理，切莫对投诉置之不理。只有正确处理投诉，才能消除与旅客的误会和摩擦，增进相互了解，建立持久的合作关系。

2. 与相关企业的关系

现代企业开展市场营销活动，无时无刻不与相关企业发生联系。这些相关企业分为两大类：一类是与企业进行竞争的同类企业，如铁路企业以外的各种其他运输企业；另一类是与本企业有着业务往来的协作单位，包括供应原材料、生产设备的供应企业，为本企业提供技术与人才的科研教育部门等。在处理与竞争企业的关系时，公关工作要树立公平竞争的思想，正确处理竞争过程中的各种纠纷，绝不能采用不合法、不正当的手段，以免损害企业自身的形象和声誉。在处理与协作单位的关系时，应当加强联系、互通信息、相互体谅、共同发展。

3. 与政府的关系

政府不仅是国家权利的执行机关，而且是国家经济发展的宏观调控者。企业的活动应服从政府的监督，因此，公共关系工作必须正确处理好与政府的关系。对于高速铁路运输企业来说，应遵守国家法令，自觉接受政府有关部门的指导和监督，主动汇报情况，争取政府的支持。

4. 与社区及新闻媒介的关系

企业与社区有着千丝万缕的关系，只有建立融洽的社区关系，企业才能立足、生根。基于高速铁路行业的特点，高速铁路车站周围的人群密集，治安较差，同时环境卫生、噪声均会对周围居民的生活带来影响。高速铁路运输企业应积极主动地担负起责任，搞好社区治安，减少环境污染，为社区提供必要的公益赞助，造福于社区。新闻媒介对企业的影响也较大，它可以影响社会舆论，进而影响到企业的形象。高速铁路运输企业应主动与新闻媒介保持经常的、广泛的联系，积极合作，通过新闻媒介树立良好的社会形象。

5. 企业内部的公共关系

企业内部员工之间、员工与部门之间的关系是否融洽，直接关系到企业的生产经营。加强企业内部的沟通，增强企业凝聚力，激发员工的主人翁意识，是公共关系的目标之一。由于高速铁路运输产品是由"车""机""工""电""辆"等部门联合生产的，高速铁路运输企业内部更是需要团结协作，才能保证生产经营活动顺利开展。

8.4.5　高速铁路运输企业公共关系策略

1. 新闻宣传

高速铁路运输企业可以通过新闻报道、人物专访、纪实特写等形式，利用各种新闻媒介对企业进行宣传。新闻宣传不用支付费用，而且具有客观性，能取得比广告更为有效的宣传效果。新闻宣传的重要前提是：所宣传的事实必须具有新闻价值，即应具有时效性等特点，所以企业必须十分注意提高各种信息的新闻性，使其具有被报道的价值。

高速铁路运输企业可通过新闻发布会、记者招待会等形式，将企业的新产品、新举措、新动态介绍给新闻界；也可以有意制造一些新闻事件，以吸引新闻媒介的注意。如利用一些新闻人物的参与，创造一些引人注目的活动形式，在公众所关心的问题上表态等，都可以使事实的新闻色彩增强，从而引起新闻媒介的注意并予以报道。公共关系的新闻宣传活动还包括对不良舆论的处理。如果在新闻媒介上出现了对企业不利的流言，企业应当积极采取措施，及时通过新闻媒介予以纠正或澄清，这样才能缓和矛盾，重新获得公众好感。

2. 公关广告宣传

公共关系活动也包括利用广告进行宣传，这就是所谓的公共关系广告。公共关系广告同一般广告的主要区别在于：公共关系广告以宣传企业的主体形象为内容，而不只是宣传企业的产品或劳务；它以提高企业的知名度和声誉度为目的，而不只是为了扩大销售。

3. 企业自我宣传

传播企业信息、建设企业文化都离不开企业的自我宣传，高速铁路运输企业可以用各种能自我控制的方式进行企业的形象宣传。如举办某趟列车的首次开通庆典等，派出公关人员对目标市场进行宣传；印刷和散发各种宣传资料，持续不断地对企业进行宣传，以扩大企业的影响。图8-4为高速铁路乘务人员在列车上开展"相聚高铁 欢度中秋"公共关系活动。

图8-4 高速铁路乘务人员在列车上开展"相聚高铁 欢度中秋"公共关系活动

4. 策划活动

高速铁路运输企业公共关系活动的一项重要内容就是策划、组织各种有利于企业形象和产品销售的活动，包括调查活动、赞助活动、庆典活动、记者招待会、宴会、参观、危机事件处理、员工活动等。

高速铁路运输企业应主动走出铁路，通过同社会各方面广泛交往来扩大企业的影响，改善企业的经营环境。企业的经营交往活动不应当是纯业务性的，而应当突出情感性，以联络感情、增进友谊为目的。如对各有关方面的礼节性、策略性的访问；逢年过节发礼仪电函、送节日贺卡；进行经常性的情况通报和资料交换；举办联谊会；等等，同社会各方面发展长期稳定的合作关系，争取扩大运输市场份额。

公共关系对于促进销售的作用不像其他促销手段那样立竿见影，但是一旦产生效果，其作用将是持久和深远的。

8.4.6 铁路运输企业形象策划

企业形象策划也叫CI，其越来越受到企业的重视。将企业形象策划运用到市场营销实践中，这对企业的发展无疑具有重大意义。

企业形象策划是指企业对自身的文化观念、行为方式与视觉识别进行系统的设计与传播，从而塑造富有个性的企业形象，以获得社会公众认同的营销战略。

1. 企业形象策划的性质特点

1）差别性

企业形象的差别不仅体现在企业的视觉标识上，如商标、广告、招牌等，而且表现在企业的产品、经营宗旨、经营目标、企业风格、企业文化和企业经营战略上。

2）标准性

企业形象识别必须在整体上得到贯彻执行，并实施标准化管理，如员工形象、设备设施形象、管理形象，乃至标准字、标准色的使用，都应有统一、严格的规范。

3）传播性

企业形象必须借助各种媒体和渠道进行传播，通过传播企业形象才能得到社会的认同（包括消费者的信赖、政府的支持、相关企业的协助等），从而达到实施企业形象战略的目的。

4）系统性

企业形象是一项系统工程，需要企业整体推进、全面实施，而且各子系统要相互协调、相互促进。

5）战略性

企业必须把企业形象作为一项长期战略来实施，只有这样才能真正深入企业的灵魂——企业文化中。企业形象是代表企业未来发展方向和企业发展目标的长期战略。

企业形象策划的主要目的是要塑造一个与众不同的、具有鲜明特色的企业形象，以促进企业的不断发展。企业必须确立自己的形象内涵与表达方式，有意识地运用企业形象策划，并做出预先的、全面的谋划，这一过程便是企业形象策划的过程。高速铁路运输企业在市场营销过程中，应重视企业形象策划在促销战略中的作用，努力在消费者心目中树立良好的企业形象，以达到吸引消费者和提高企业竞争力的目的。

2. 高速铁路运输企业形象策划的内容

1）高速铁路运输企业的理念策划

企业理念策划是对企业独特的价值观念、文化观念和经营宗旨的策划。它包括企业宗旨、企业的社会责任、企业的价值观念等几个方面。高速铁路作为国家的基础设施，具有较强的社会公益性，这就要求高速铁路运输企业的理念必须站在国家和人民的立场上考虑，把"人民铁路为人民"定为高速铁路运输企业的宗旨和社会责任。只有高速铁路运输企业员工都能树立这一观念，我国高速铁路的良好形象才能扎根在广大消费者心目中。

2）高速铁路运输企业的行为策划

行为策划是对以企业理念为基础的企业独特的行为方式及特征的谋划。首先，高速铁路的站车设施和环境等都会直接影响高速铁路企业在旅客心目中的形象。其次，高速铁路的产品形象是通过高速铁路员工在生产过程中的服务质量决定的，因此，提高高速铁路运输生产各个环节、各个工种的人员素质和服务质量，直接关系到消费者对高速铁路企业形象的认识和评价。

3）高速铁路运输企业的企业文化

企业文化是指企业在生产经营中形成的具有企业特征的意识形态和文化观念。它包括企业精神、企业道德、价值观念、企业目标和行为准则等。由于企业文化具有企业的本质特征，所以它往往是企业在多年的运行过程中形成的。

企业文化并非一朝一夕就能塑造出来的，必须从小处着手，一点一滴积累而成，其是一个长期不懈的系统工程。一个没有企业文化的企业在 21 世纪是不可想象的，因此，高速铁路运输企业必须重视企业文化的建设。

下面介绍中国高速铁路 logo 的含义。

（1）中国高速铁路 logo 如图 8-5 所示。此 logo 将"中国"英文单词"China"的第一个字母"C"幻化成为一头觉醒的雄狮，标志东方的睡狮已经觉醒，张口怒吼，吼出了中国人的精神和力量。

图 8–5　中国高速铁路 logo

（2）强烈和动感的图形，准确传达了中国高速铁路所代表的深层内涵。

（3）logo 的色彩采用了蓝色渐变色系，突出了中国高速铁路的科技感与速度感。

（4）采用抽象的火车头图形突出了铁路行业特点，五个线条既代表着速度，又体现出规范，象征着不断发展，勇往直前。logo 外圆内方，既体现着中国传统的哲学与美学观念，也寓意着铁路运输"对内管理要方正，对外服务要周全"的经营理念。同时其形如盾，有着保护的含义，并起到突出整个 logo 的作用。

（5）整个 logo 稳重厚实，体现了强烈的信任感、安全感；节奏富于变化，静中有动、稳中求变；视觉冲击力强，韵律现代，寓意丰富，便于传播。

任务 8.5　高速铁路运输企业客户关系管理

工作任务

掌握客户关系管理的概念及分类。

任务解析

通过对客户关系管理的概念及分类等知识的学习，掌握高速铁路运输企业客户关系管理的相关知识。

相关知识

客户关系管理的任务。

任务实施

8.5.1　客户关系管理的概念

客户关系管理是一个不断加强与顾客交流，不断了解顾客需求，并不断对产品及服务进行改进和提高以满足顾客需求的连续的过程，是企业扩大销售的有效手段。

客户关系管理是企业利用信息技术和互联网技术实现对客户的整合营销行为，是以客户为核心的企业营销理念的技术实现和管理实现。客户关系管理注重的是与客户的交流，要求企业的经营以客户为中心，而不是传统的以产品为中心。

8.5.2　客户关系管理的内容

1. 客户基础资料

客户基础资料包括客户的名称、地址、电话等。

2. 客户特征

客户特征包括客户的性格、兴趣、爱好、家庭、学历、年龄、能力等。

3. 交易要素状况

交易要素状况包括客户与本企业的交往、交易等情况。

8.5.3　客户关系管理的原则

1. 动态管理

客户资料要不断加以调整，及时补充新的资料，对客户的变化要进行跟踪。

2. 灵活运用

建立客户资料卡或客户管理卡后不能束之高阁，应以灵活的方式及时全面地提供给推销人员及其他有关人员，使他们能进行更详细的分析，使资料变成资源，提高客户关系管理的效率。

3. 专人负责

应确定具体的客户关系管理规定和办法，由专人负责和管理，应严格执行客户情报资料的利用和借阅制度。

8.5.4　高速铁路运输企业客户关系管理

1. 传统铁路企业的客户关系管理

计划经济时代，铁路企业主要以完成国家计划任务为主，属于纯生产型企业，不需要考虑市场的变化和客户的需求，因此造成铁路企业一方面效益连年滑坡，市场份额不断减少，另一方面社会有效需求却得不到满足。封闭的管理将铁路企业隔离在市场和客户之外。改革开放以来，铁路行业也在内部进行了一系列不同范围和不同程度的改革，这些措施在一定程度上缓解了铁路企业与旅客需求之间的矛盾，但这种改变本质上还是以生产为中心的，所以，还谈不上对客户需求进行系统、深入的分析。

2. 实施客户关系管理对高速铁路运输企业转变管理理念的重要意义

营销大师科特勒认为：在这个新的变化的世纪里，企业唯一可以持续的竞争优势是它与消费者、商业伙伴及公司员工的良好关系。实施客户关系战略建立客户关系管理系统，是高速铁路运输企业一项具有深远意义的战略，高速铁路运输企业应把客户关系由纯粹的交易性质转变为交易兼协作性质，并以此建立自身的持续竞争优势。客户关系管理是基于铁路发展战略的全新管理模式，新管理模式必然会带来企业组织和作业流程的变革与再造。

互联网聚合各种信息和资讯，用户必须借助搜索及其他渠道去寻找所需的信息、商品和服务，一言以蔽之，即"人找信息"。然而，由于互联网大数据的迅猛发展，"信息找人"成为大势所趋，即通过对用户过往的喜好、需求、购买行为等数据的分析，为用户匹配最合适的资讯。与许多传统行业截然不同的是，"高速铁路+"从一开始就是"信息找人"。得益于高速铁路旅客的"乘车大数据"，旅客所在区域、目的地、出发城市、目的地城市，都成为已知数据。以此为基础精准匹配商业信息，能够实现信息传送、信息互动、销售达成的完整链条。

以大数据逆袭传统互联网营销，"高速铁路+"营销新模式未来势必进一步打通线上与线下的资源，加强跨界合作，实现多元化经营和整合营销。同时，借助横跨东西、纵深南北的全国高速铁路媒体网状式布局及高速铁路强大的客流量，开启新一轮高速铁路媒体营销模式，也将深刻改变高速铁路行业的营销格局，为中国铁路特别是高速铁路的营销带来前所未有的突破与创新。

3. 铁路会员制管理

高速铁路客户关系管理的重要举措是推行了铁路会员制。铁路会员可通过购买车票累积积分，积分可以兑换火车票。

1）铁路会员的申请

自 2017 年 12 月 20 日起，铁路部门推出"铁路畅行"常旅客会员服务，旅客可通过购买火车票累积积分，凭积分可兑换相应车票。"铁路畅行"常旅客会员是指本人申请并通过铁路常旅客身份认证的自然人。年满 12 周岁的自然人可通过 12306 网站、铁路 12306 手机 App 或铁路车站设立的会员服务窗口进行申请。其中，每名会员仅可拥有一个会员账户，以会员申请时所使用的有效身份证件为依据，不接受同一人重复申请，也不接受公司或其他法人实体的申请。

在申请成为会员后，会员信息的查询和修改均可通过 12306 网站、车站设立的会员服务窗口等进行，其中信息查询还可通过 12306 客服电话，而信息修改的范围只限定在除姓名、有效身份证件类型及号码以外的账户信息。若会员要进行密码重置，需本人持有效身份证件在车站设立的会员服务窗口办理。

需要注意的是，一旦会员需要注销账户，账户内的积分将全部作废。

2）铁路会员的积分

铁路部门推出的常旅客会员服务，最大的特色就在于积分累积。这也意味着，坐火车就像坐飞机一样，可以在出行的同时，获得相应的回馈。

积分分为三类，分别是乘车积分、活动积分和升级积分。乘车积分即会员购买列车车票后，实际乘车到站后获得的积分；活动积分为会员通过参与铁路公布的主题活动而获得的积分，例如参与问卷调查等；升级积分则用于评定会员星级，其来源于乘车积分和铁路公布的其他可用于评定会员星级的积分。这也意味着，此次铁路部门推出常旅客服务，用户可得到的实惠不仅在于未来可凭积分兑换车票，还可凭借星级的不同而享受到不同的服务体验。

此次铁路部门推出的常旅客服务，乘车积分采用票面价格的 5 倍来计算，积分以"分"为单位，按四舍五入取整计算。例如，旅客购买票价为 100 元的车票，即可获得 500 分的积分。在会员实际乘车到站后 5 日内，积分会自动进入本人账户。

3）铁路会员积分的兑换

积分兑换车票有多种途径，可通过 12306 网站、铁路 12306 手机 App 或车站设立的会员服务窗口办理。需要注意的是，积分兑换车票有起始值，并不是有几百分就可以马上兑换的，起始值为 10 000 分。当会员账户积分首次累积达到 10 000 分时，即可用于兑换车票。兑换车票时，100 积分等价于 1 元人民币，允许兑换的车次以 12306 网站查询结果为准。

不过，积分兑换也有限制，积分不可透支、不可与其他支付方式混合支付。此外，会员进行积分兑换时，按照先累积的积分先消费的原则进行。

4）可帮别人兑换票

会员可以兑换火车票给指定的受让人使用。每名会员最多可设置 8 名受让人（不含会员本人）。这也意味着，会员可在积分有效期内，让受让人得到更多铁路部门的福利。受让人不是一添加即可享受权益的，而是在添加成功 60 天（含当天）后生效。

设置受让人有三种渠道：会员可在车站设立的会员服务窗口，持会员本人有效身份证件及受让人证件原件或复印件设置受让人；或者在车站自动售票机，持会员本人居民身份证及受让人居民身份证原件设置受让人；或者在 12306 网站或铁路 12306 手机 App 登录会员账户，根据系统提示设置受让人。

5）注意事项

（1）并非乘坐所有列车都可积分。需要注意的是，在积分累积上，有一些车次不参与积分，比如国际列车、往返香港列车、非控股企业担当列车等铁路部门指定的列车车票，积分兑换的奖励车票、列车补票、到站补票、代用票、非实名制车票等。

（2）积分设有有效期。需要注意的是，积分是有有效期的。积分自进入账户当日起连续 12 个月有效，到期未兑换的积分将自动作废。

（3）发现积分遗漏可补登。若发现乘车积分有遗漏，会员需在车票载明的开车日期后 90 日内（含当日）通过 12306 网站、车站设立的会员服务窗口、12306 客服电话提交积分补登申请。若发现活动积分有遗漏，需在活动结束后 30 日内（含当日）通过 12306 客服电话提交积分补登申请。申请递交后，可在铁路部门接受申请 7 日后，通过 12306 网站、车站设立的会员服务窗口、12306 客服电话查询补登结果。

（4）积分兑换的车票不能退、改。积分兑换的车票不办理退票、变更到站业务。只有因不可抗力或铁路责任造成兑换车票不能使用时，才可办理兑换车票退票手续，退票后兑换时所用积分将全部返回会员账户，并重新计算有效期。

任务小结

公共关系策略是指企业通过与周边生产经营环境进行沟通和协调，营造利于企业生产经营环境的行为。其目标是营造企业内外部良好的经营生态环境，其通过对目标人群进行宣传、沟通和协调，以争取目标人群对企业的认可和支持。

思考与练习

1. 公共关系的定义是什么？
2. 简述高速铁路运输企业公共关系策略的分类。
3. 高速铁路运输企业公共关系策略有哪些？
4. 简述铁路会员制管理的相关规定。

项目 9

高速铁路运输市场营销管理

🚩 **思政目标**

● 通过学习高速铁路运输市场营销管理知识与技能，体会我国铁路以"人民至上"为出发点，营销管理水平的不断迭代升级。

引导案例

加强高速铁路营销管理 增强高速铁路竞争力

长期以来我国客运市场蓬勃发展，航空、水运、铁路运输和公路运输都参与到这一市场的激烈竞争中来，各种交通运输方式在可达性、便捷性、舒适性、价格指数等方面都具有相应的优势和劣势。铁路客运在短途运输中难以与公路运输的可达性相较，而在长途客运中则难以与航空旅行的快捷性和舒适性相较，其客运市场主要集中于中短途出行。高速铁路的发展，改变了运输市场的版图，部分高速铁路的开通，直接让对应的公路运输产品运输量断崖式下跌。由于高速铁路的开通，令某条航空线路直接停航的消息也不鲜见。在拥有高速铁路这一"法宝"的情况下，为提升铁路运输的市场占有率，铁路部门应当针对消费者需求细分消费者市场，不断开发新的客运产品，实施灵活的价格策略，多渠道进行营销宣传，并加强购票渠道的建设，不断提升消费者满意度，从而进一步提升铁路在客运市场上的占有率。

任务 9.1　高速铁路运输企业战略规划

工作任务

掌握战略规划的概念及内容。

任务解析

通过对战略规划的概念及内容等知识的学习，掌握高速铁路运输企业战略规划的相关知识。

相关知识

战略规划的特点、步骤。

任务实施

9.1.1　战略规划的概念

在现代市场经济条件下，市场犹如战场，是企业激烈竞争的场所，人们也常用"战略"一词描述经营管理中的重大的、全局性的决策。

所谓战略规划，就是制定组织的长期目标。

9.1.2　战略规划的特点

战略规划的有效性包括两个方面，一方面是战略正确与否，正确的战略应当做到与组织资源和环境的良好匹配；另一方面是战略是否适合该组织的管理过程，也就是战略和组织活动匹配与否。一个有效的战略一般有以下特点。

（1）目标明确。战略规划的目标应当是明确的，其内容应当使人振奋。目标要高，但经过努力应可以达到，描述目标的语言应当是坚定和简练的。

（2）可执行性良好。好的战略应当是通俗的、明确的和可执行的，它应当是各级员工的向导，使各级员工能确切地了解它、执行它，并使自己的行动和它保持一致。

（3）组织人事落实。一个好的战略规划要有优秀的员工执行，才能得以实现。战略规划要求一级一级落实，直到个人。

（4）灵活性好。一个组织的目标可能不随时间而变，但它的活动范围和组织计划的形式无时无刻不在改变。现在所制定的战略规划只是一个暂时的文件，只适用于现在。战略规划应当进行周期性的校核和评审，不断调整以适应变革的需要。

9.1.3　战略规划的内容

战略规划内容的制定处处体现了平衡，要在平衡的基础上考虑以下四个问题。

我们想要做什么？——确定目标。

我们可以做什么？——确定方向。

我们能做什么？——找到环境和机会与自己组织资源之间的平衡。

我们应当做什么？——做出规划。

战略规划是分层次的，正如以上所说，战略规划不仅在最高层有，在中层和基层也应有。一个企业一般应有三层战略，即公司层战略、业务层战略和执行层战略。

9.1.4　战略规划的主要步骤

首先在企业整体层次上规定企业的基本任务；其次根据基本任务的要求确定企业的目标；再次是安排企业的业务（或产品）组合，并确定企业的资源在各业务单位（或产品）之间的分配比例；最后是在业务单位、产品和市场层次上制订市场营销计划与其他各项职能性计划（如生产计划、财务计划等），这些计划是企业总体战略在各业务单位、产品和市场层次上的具体化。

9.1.5　高速铁路运输企业战略规划的概况

结合我国国情，高速铁路运输企业应实施面向社会大众的差异化战略，在社会大众整体市场中，针对每一类细分市场进行研究，实施不同营销策略。

（1）要不断优化产品结构。开发多种结构的产品，形成在不同线路上开行高速、动车、城际列车的产品体系，满足不同层次旅客的需求。根据不同市场的特殊需要开行多种专列，例如"夕发朝至"的高铁卧铺列车，安全、舒适的豪华列车，一站直达式旅游列车、郊游列车等。

（2）精心做好客运营销组织工作。畅通运输产品营销渠道，优化产品销售组织策略。加强产品营销管理，建立营销激励机制，制定量化绩效考核办法，落实标准化作业，鼓励全员营销。建立营销队伍培训机制，定期举办营销培训班，加强营销业务培训。

（3）提供特色服务。在稳步提高安全、正点、方便、快捷、舒适等核心服务价值的基础上，开发多层次、多功能的特色服务。如在售票、送票、高端客户等方面提供增值服务，为旅客提供高附加值的客运产品；延伸客运服务链条，充分利用站车资源，迅速壮大广告经营规模，大力发展车站商业，打造"吃住行游购娱"一条龙服务链，实现综合效益最大化。

（4）开展特色营销，构建专业化、立体化的营销体系。定期开展市场调查，做好形势预判、政策宣传、客户信息沟通等工作，为营销产品的策划提供准确的信息和决策依据，同时落实营销方案的具体实施。打造电子商务营销平台，利用现代通信和计算机技术，研究电子商务系统方案及其与运输全过程管理系统的无缝接口方案，促进高速铁路运输企业经营效益的提升。

任务小结

战略规划是指企业的最高管理层通过规划企业的基本任务、目标及业务（或产品）组合，使企业的资源和能力同不断变化的市场营销环境之间保持适应性的过程。企业为了使自己的资源和能力同市场营销环境相适应，以加强自己的应变能力和竞争能力而制定的长期性、全局性、方向性的规划，这种规划就是战略规划，其随着企业内部和外部环境的变化而不断修正。

思考与练习

1. 什么是战略规划？
2. 战略规划的内容是什么？
3. 简述战略规划的主要步骤。

任务 9.2　高速铁路运输市场营销计划与组织

工作任务

掌握市场营销计划的概念、内容、作用，了解营销组织的形式。

任务解析

通过对市场营销计划的概念、内容等知识的学习，掌握高速铁路运输市场营销计划与组织的相关知识。

市场营销计划编制的步骤、营销组织的形式。

9.2.1 市场营销计划的概念

市场营销计划是在对企业市场营销环境进行调研、分析的基础上，制定企业的营销目标及为实现这一目标所应采取的策略、措施和步骤的明确规定和详细说明。

9.2.2 市场营销计划类型

1. 按时间的长短划分

按时间的长短，市场营销计划可分为长期计划、中期计划和短期计划。

（1）长期计划的期限一般在 5 年以上，主要为确定未来发展方向和奋斗目标的纲领性计划。

（2）中期计划的期限为 1～5 年。

（3）短期计划的期限通常为 1 年，如年度计划。

2. 按涉及的范围划分

按涉及的范围，市场营销计划可分为总体市场营销计划和专项市场营销计划。

（1）总体市场营销计划是企业营销活动的全面、综合性计划。

（2）专项市场营销计划是针对某一产品或特殊问题而制订的计划，如品牌计划、渠道计划、促销计划、定价计划等。

9.2.3 市场营销计划的内容

1. 计划概要

计划概要是对主要营销目标和措施的简短概括，其能使高层主管迅速了解该计划的主要内容，抓住计划的要点。

2. 营销状况分析

这部分内容主要包括与市场、产品、竞争、分销及宏观环境因素有关的背景资料。

1）市场状况

此项内容列出目标市场的规模及其成长性的有关数据、顾客的需求状况等。如目标市场近年来的年销售量及其增长情况，其在整个市场中所占的比例等。

2）产品状况

此项内容列出企业产品组合中每一个品种在近几年的销售价格、市场占有率、成本、费用、利润率等方面的数据。

3）竞争状况

此项内容列出企业的主要竞争者，并列出竞争者的规模、目标、市场份额、产品质量、价格、营销战略及其他有关特征，以了解竞争者的意图、行为。

4）分销状况

此项内容描述企业产品所选择的分销渠道的类型及其在各种分销渠道上的销售数量。

5）宏观环境状况

此项内容主要对宏观环境的情况及其主要发展趋势做出简要的介绍，包括人口环境、经济环境、技术环境、政治法律环境、社会文化环境等。

3. 机会与风险分析

首先，对计划期内企业营销所面临的主要机会和风险进行分析。再对企业营销资源的优势和劣势进行系统分析。在机会与风险、优势与劣势分析的基础上，企业可以确定在该计划中所必须注意的主要问题。

4. 拟定营销目标

拟定营销目标是企业市场营销计划的核心内容，要在进行市场分析的基础上对营销目标做出决策。计划应建立财务目标和营销目标，目标要用数量化指标表达出来。

1）财务目标

财务目标即确定每一个战略业务单位的财务收入目标，包括投资报酬率、利润率、利润额等指标。

2）营销目标

财务目标必须转化为营销目标。营销目标可以由以下指标构成：销售收入、销售增长率、销售量、市场份额、品牌知名度、分销范围等。

5. 营销策略

营销策略主要包括目标市场选择和市场定位、营销组合策略等。明确企业营销的目标市场是什么，如何进行市场定位，确定树立何种市场形象；企业拟采用什么样的产品、渠道、定价和促销策略。

6. 行动方案

行动方案主要对各种营销策略的实施制定详细的行动方案，即阐述以下问题：将做什么？何时开始？何时完成？谁来做？成本是多少？整个行动计划可以列表加以说明，表中具体说明每一时期应执行和完成的活动的时间安排、任务要求和费用开支等。行动方案使整个营销战略落实于行动，并能循序渐进地贯彻执行。

7. 营销预算

营销预算即开列一张实质性的预算表。

8. 营销控制

对市场营销计划的执行情况进行检查和控制，用以监督计划的进程。

9.2.4　市场营销计划编制的步骤

市场营销计划的编制过程一般包括以下步骤。

（1）分析现状，做到知己知彼，为编制计划做好充分准备。

（2）确定目标，为具体活动程序指明方向。

（3）编制计划草案，交由有关部门讨论。

（4）如果讨论后有异议，要在规定时间内修改计划草案。

（5）编制正式计划，组织企业内部执行。

9.2.5　营销组织的定义

营销组织是企业执行市场营销计划，服务市场购买者的职能部门。营销组织的形式，主要受宏观市场营销环境、企业市场营销管理哲学，以及企业自身所处的发展阶段、经营范围、业务特点等因素的影响。

9.2.6　铁路运输企业市场营销组织设立

1. 改变现行的多级管理体系

结合全路管理体制的改革，减少管理层次，实行铁路局集团有限公司直管站、段，提高工作效率。

2. 建立铁路局集团有限公司级营销机构

在铁路局集团有限公司一级应建立营销机构，彻底改变铁路局集团有限公司机关只进行管理的现状。铁路局集团有限公司营销部门可设客运营销中心、货运营销中心、调度指挥中心、设备保障中心等机构。原运输、客运、货运、调度、机务、电务、车辆、统计等处室的有关人员分别划属上述各中心。计划、劳资、财务、人事等处室人员则划属管理部门。

3. 建立站段级营销机构

在站、段一级也要根据上述原则建立切合实际的营销机构。

要建立高效、精干、健全的铁路运输市场营销组织，还要从以下方面努力。

（1）改革铁路运输管理体制，理顺铁路产权关系。建立和完善铁路运输企业法人制度，构造运输市场竞争主体，是铁路运输企业真正走向市场的关键，对于推动铁路运输市场营销具有重要意义。

（2）建立客货营销体系。要改革以行政管理为主，以完成计划任务为目的，职能交叉、部门分割的传统组织机构，形成面向市场、适应市场、责任明确、整体协调的客货营销体系。

（3）强化职能，明确职责。要强化各级营销组织的职能分工，明确客货营销人员的职责，建立各层次的营销责任制，制定严格的管理制度和考核办法，真正做到权责分明。

（4）建设营销队伍。把善经营、懂政策、具有市场营销能力的精兵强将充实到营销部门。要加强对营销人员的培训，努力建立一支高素质的营销队伍。

任务小结

市场营销计划是企业的战术计划，营销战略对企业而言是"做正确的事"，而市场营销计划则是"正确地做事"。在企业的实际经营过程中，市场营销计划往往碰到无法有效执行的情况，一种情况是营销战略不正确，市场营销计划只能是"雪上加霜"，加速企业的衰败；另一种情况是市场营销计划无法贯彻落实，不能将营销战略转化为有效的战术。市场营销计划充分发挥作用的基础是正确的营销战略，完美的战略也需要完美的战术，市场营销计划的正确执行可以创造完美的战术，完美的战术也可以弥补战略的欠缺，还能在一定程度上转化为战略。

思考与练习

1. 什么是市场营销计划？
2. 市场营销计划编制的具体内容有哪些？
3. 简述营销组织的形式。

参 考 文 献

[1] 刘作义，赵瑜. 运输市场营销学 [M]. 3 版. 北京：中国铁道出版社，2010.
[2] 万金辉，兰云飞，吴曦. 高速铁路运输市场营销 [M]. 北京：北京交通大学出版社，2019.